알기 쉽고 재미있는

# 중앙 한국어

# 2

상

알기 쉽고 재미있는

# 중앙 한국어 2 상


초판 1쇄 인쇄 2018년 6월 8일
수정판 3쇄 발행 2022년 8월 31일

저 자 | 이찬규 외
책임 편집 | 이훈, 조윤희, 이혜선, 차준우, 이찬희
발 행 | 중앙대학교
등 록 | 제14-1호(등록일: 1977. 8. 31.)
주 소 | 서울 동작구 흑석로 84
전 화 | (02)820-6137
전 송 | (02)822-5495

판매처 | 태학사
등 록 | 제406-2006-00008호
주 소 | 경기도 파주시 광인사길 217
전 화 | (031)955-7580
전 송 | (031)955-0910
전자우편 | thspub@daum.net
홈페이지 | www.thaehaksa.com

값은 뒤표지에 있습니다.

ISBN 978-89-7207-886-9 04710
978-89-7207-885-2 04710(set)

KOMCA 승인필

이 책에 직간접적으로 자료 게재를 허락해주신 모든 분께 감사드립니다.
저작권자와 연락이 닿지 않아 부득이 허가를 구하지 못한 일부 자료에 대해서는
연락 주시는 대로 적법한 절차를 따르겠습니다.

*잘못 만들어진 책은 바꾸어 드립니다.

중앙대학교 한국어교육원 한국어 교재 편찬위원회

알기 쉽고 재미있는

# 중앙 한국어

2 상

CAU 중앙대학교

| 머리말 |

중앙대학교에서 한국어교육원을 개원하고 한국어 교육을 본격적으로 시작한 지가 벌써 15년 정도가 되었다. 한국어교육원을 시작할 때만 해도 대학에서 가르칠 만한 한국어 교재가 몇 종밖에는 없었는데, 2018년 현재 시점에서 보면 각 대학마다 직접 개발한 한국어 교재만 해도 수십 종에 이른다. 중앙대학교 한국어교육원에서는 2006년 첫 교재 개발 작업에 들어가 2012년에 이르러서야 《중앙 한국어》 1~4권이 출간되었다. 각 권을 상 · 하로 분책하고 각 급별 워크북까지 제작하여 총 권수가 12권에 이르는 방대한 작업이었다. 임시 교재를 완성한 뒤 그 교재로 강의를 해 보고, 문제점을 발견하여 재수정 작업을 거치면서 보다 실질적으로 학습 효과를 높일 수 있는 교재를 만드는 방식으로 작업을 하다 보니 시간이 많이 걸렸다. 집필진만 22명에 이를 정도로 많은 사람들의 노고가 집약된 결과물이었다. 그동안 이 교재로 공부한 학생들의 만족도도 높은 편이고, 학생들의 한국어 구사능력도 단기간에 기대 이상으로 높아져 효과를 거두었다고 자평해 왔다. 그러나 2012년 이후 몇 년이 지난 시점에서 벌써 교재에 나온 상황이 과거의 것들이 많고, 분량도 압축하자는 의견이 많아 개정판을 내기로 하였다. 2015년 첫 모임을 가지고 개정 작업에 들어갔는데, 그동안 한국어 교육 학계에서 제기된 다양한 연구 결과들을 반영하고, 대화 내용뿐만 아니라 그림이나 사진 등도 참신하게 바꾸고, 책의 구성 형식도 더 이해하기 쉽게 정리하다 보니 개정 작업이라기보다는 새로운 책의 모습을 띠게 되었다. 이 책을 개정판이라 하지 않는 이유이다. 그동안 한국어 교재가 1~4권만 있던 것을 이번에 작업하면서 5~6권까지 개발하여 1~6급까지 완성된 틀을 갖추게 되었다. 1~4권은 통합교재의 형식으로 만들고, 5~6권은 영역별 교재의 형식으로 되어 있어 한국어 학습 단계에 가장 효과적인 방식이라고 자평하고 있다.

모든 책에는 저자들의 철학이 반영된다. 한국어 교육 교재라고 예외일 수는 없다. 이 책은 제목에서도 나와 있듯이 "알기 쉽고, 재미있어야" 한다는 철학이 반영되어 있다. 한국어가 배우기 어려운 언어라는 편견을 불식시키기 위해서는 한국어 교육자들의 노력이 많이 필요하고, 그것의 가장 핵심적인 작업이 교재 편찬이라고 본다. 한국어 배우기가 재미있고, 한국어에서 아름다움과 정밀함을 느껴야 한다. 이러한 점이 반영되도록 이번 편찬 교재에서는 유튜브 등 다양한 매체를 활용하여 교육을 할 수 있도록 하였고, 보다 재미있고 다양한 활동들을 삽입하였다.

이 교재 작업의 헌사를 일일이 다 하기는 지면이 충분하지 않지만 그래도 가장 먼저 이 교재의 집필에 참여해 주신 분들의 노고를 잊을 수 없다. 처음 시작할 때와 달리 갈수록 많아지는 일에 대한 부담을 짊어지면서도 열정적으로 편찬 작업에 임해 준 다섯 분(이훈, 차준우, 이혜선, 조윤희, 이찬희)의 책임 편집자가 없었다면 편저본이 나올 수 없었을 것이다.

고된 업무 속에서도 교재 편찬을 위해 적극 후원해 주신 한국어교육원 원장님과 담당자, 그리고 이익을 구하지 않고 교재 편찬의 필요성에 적극 동참하여 지원을 아끼지 않은 산학협력단 단장님 이하 여러분께도 감사의 말씀을 드린다. 또한 부담이 될 정도의 많은 화료(畵料)와 편집료를 감당해 가면서도 기꺼이 출판을 맡아주신 태학사의 지현구 사장님과 편집진들께도 지면으로나마 감사의 말씀을 전한다.

모두 다 알다시피 교재에서 완성판이란 존재하지 않는다. 앞으로도 계속해서 한국어 교육에 관한 좋은 이론과 방법이 나올 것이고, 그에 따라 또 교재를 개편하는 작업을 해 나가야 할 것이다. 사회적인 분위기나 기술의 발달로 인해 변화의 속도가 빠른 만큼 앞으로는 디지털 교재(E-BOOK)를 추진할 필요가 있다. 한글이 세계에서 가장 우수한 문자이듯이 한국어도 세상에서 가장 배우기 쉽고, 재미있는 언어라는 생각이 들도록 중앙대학교 한국어교육원이 책임감을 가지고 교재를 편찬하고, 교육 방법을 개발해 나갈 것이다.

2018년 3월 1일

대표저자 이찬규(중앙대학교 국어국문학과 교수)

**| 일러두기 |**

《알기 쉽고 재미있는 중앙 한국어》는 외국어로서의 한국어를 배우는 외국인들을 위해 중앙대학교 한국어교육원이 개발한 한국어 교재이다. 이를 위해 일상생활에 필요한 기초적인 의사소통 능력을 기를 수 있는 주제부터 전문적이고 추상적인 주제까지를 포함하고 있다. 이 내용을 듣기, 말하기, 읽기, 쓰기 기능별로 연습 및 언어 활동이 가능하도록 구성하였다.

## 1 배워 봅시다

**어휘** 단원의 주제와 관련된 어휘를 사진 또는 삽화와 함께 제시하여 쉽고 재미있게 어휘를 학습할 수 있도록 하였다. 구 단위의 표현, 상투적인 표현 등을 포함하여, 단원에 따라서 간단한 연습 활동을 제시하여 수업 시간에 활용하거나 학습자 스스로 학습이 가능하도록 하였다.

**문법** 형태 정보: 목표 문형의 형태 결합 정보를 대표적인 예와 함께 제시하였다.

예문: 한국어의 다양한 형태 결합을 보여 줄 수 있는 예문을 단문 또는 담화문으로 제시하여 전형적인 사용 환경을 학습할 수 있도록 하였다. 가능한 한 일상생활과 밀접한 실제적 예문을 제시하여 실용성을 높이고자 하였다.

## 2 연습

**연습해 봅시다**

연습 활동을 통하여 목표 문형의 형태 결합 연습, 의미 확인 학습 및 사용이 가능하도록 하였다.

## 3 대화해 봅시다

**제목** 단원의 주제와 주요 목표 문형을 포함하는 문장으로 제시하였다.

**삽화** 대화문을 제시하기 전에 그 내용을 삽화로 제시하여 대화문의 내용 이해를 돕고, 대화문 학습을 위한 도입 자료로 활용할 수 있도록 하였다.

**대화문** 단원의 주제와 목표 문형을 포함한 문장으로 구성하였다. 단원을 도입하고 목표 문형이 사용되는 전형적인 환경을 구어 상황에서 학습할 수 있도록 하였다.

**단어와 표현** 대화문에 처음 출현한 어휘로 상용구, 상투적인 표현 등 다양한 유형의 어휘를 함께 제시하였다.

## 4 활동

**들어 봅시다**

다양한 유형의 활동을 통하여 한국어 듣기 능력을 기를 수 있도록 하였다.

**말해 봅시다**

다양한 유형의 활동을 통하여 종합적인 구어 사용 능력을 기를 수 있도록 하였다.

**읽어 봅시다**

다양한 유형의 활동을 통하여 한국어 읽기 능력을 기를 수 있도록 하였다.

**써 봅시다**

다양한 유형의 활동을 통하여 한국어 쓰기 능력을 기를 수 있도록 하였다.

이 교재의 듣기 파일은 **중앙대학교 언어교육원 홈페이지**에서
다운 받을 수 있습니다. http://korean.cau.ac.kr

**| 각 과별 주제 및 문형과 표현 일람표 |**

| 과 | 주제 | 제목 | 문법 |
|---|---|---|---|
| 1과 | 자기 소개 2 | 한국에 온 지<br>6개월이 되었어요 | • 직업, 전공<br>• V-(으)ㄴ 지 N(이/가) 되다 / 넘다<br>• V-(으)려고<br>• V-는 N<br>• V-는 것 |
| 2과 | 소개 | 친구들에 대해서<br>이야기해 주세요 | • 친구<br>• V-(으)ㄴ N<br>• N에 대한 / N에 대해(서)<br>• A/V-(으)ㄴ/는데 // N인데 ②<br>• A/V-군요/는군요 // N(이)군요 |
| 3과 | 한국 생활 | 한국 생활에<br>익숙해져서<br>재미있어요 | • 생활<br>• V-(으)ㄹ N<br>• A/V-거나<br>• A-아/어지다<br>• V-기(가) 쉽다 / 좋다 / 편하다 / 불편하다<br>…… |
| 4과 | 문제 해결 | 컴퓨터가<br>고장 났는데<br>어떻게 해야 해요? | • 컴퓨터, 서비스 센터, 고장<br>• V-(으)ㄹ 줄 알다 / 모르다<br>• A-(으)ㄴ데 // V-는데 // N인데 ③<br>• V-는 게 어때요?<br>• V-는 게 좋겠어요 |
| 5과 | 교통 | 7호선을<br>타고 가다가<br>이수역에서<br>갈아타세요 | • 교통<br>• (아마) A/V-(으)ㄹ 거예요 // N일 거예요<br>• A/V-(으)ㄹ까요? // N일까요?<br>• V-다가<br>• N 때문에 // A/V-기 때문에 //<br>A/V-기 때문이에요 |

| 과 | 주제 | 제 목 | 문 법 |
|---|---|---|---|
| 6과 | 공공시설 | 통장을 만드는 데 시간이 얼마나 걸려요? | • 공공 기관<br>• V-아/어도 되다<br>• V-(으)면 안 되다<br>• V-는 데 걸리다 / 들다<br>• N(이)나 ② |
| 7과 | 쇼핑<br>(교환, 주문) | 좀 비싼 것 같아요 | • 물건 구입<br>• A-(으)ㄴ 것 같다 // N인 것 같다<br>• V-는 것 같다<br>• N(으)로<br>• N짜리<br>• N만 |
| 8과 | 여행 ② | 방을 예약하려고 합니다 | • 여행, 여행 준비, 숙박 시설<br>• V-(으)ㄴ 것 같다<br>• A/V-(으)ㄹ 것 같다<br>• A/V-(으)ㄴ/는데요 // N인데요<br>• N밖에 |
| 9과 | 미용실 | 이 사진처럼 머리를 짧게 잘라 주세요 | • 머리 스타일, 미용 / 이발<br>• N처럼 / 같이<br>• A-게<br>• A-아/어 보이다<br>• A/V-네요 // N(이)네요 |
| 10과 | 한국 음식 | 물을 끓이고 나서 재료를 넣으면 더 맛있어요 | • 조리 기구, 조리 방법, 양념과 조미료<br>• V-고 나서<br>• A/V-겠어요<br>• V-아/어서<br>• 'ㅅ' 불규칙 |

## | 차례 |


머리말 4

일러두기 6

각 과별 주제 및 문형과 표현 일람표 8

1과 한국에 온 지 6개월이 되었어요 13

2과 친구들에 대해서 이야기해 주세요 29

3과 한국 생활에 익숙해져서 재미있어요 45

4과 컴퓨터가 고장 났는데 어떻게 해야 해요? 61

5과 7호선을 타고 가다가 이수역에서 갈아타세요 79

6과 통장을 만드는 데 시간이 얼마나 걸려요? 95

7과 좀 비싼 것 같아요 111

8과 방을 예약하려고 합니다 129

9과 이 사진처럼 머리를 짧게 잘라 주세요 147

10과 물을 끓이고 나서 재료를 넣으면 더 맛있어요 165

들어 봅시다 | 지문 187

어휘 색인 199

1과

# 한국에 온 지 6개월이 되었어요

# 배워 봅시다

## 직업

교수

교사

판사

변호사

외교관

아나운서

사장 (=CEO)

비서

공무원

관광 안내원

통역사

번역가

기술자

작가

의사

## 전공

| | | | | |
|---|---|---|---|---|
| 국어 국문학 | 영어 영문학 | 경영학 | 경제학 | 신문 방송학 |
| 정치학 | 컴퓨터 공학 | 법학 | 의학 | 교육학 |
| 역사학 | 심리학 | 광고 홍보학 | 연극 영화학 | 의상 디자인학 |

## V-(으)ㄴ 지 N(이/가) 되다 / 넘다

가: 한국에 온 지 얼마나 되었어요?
나: 한국에 온 지 1년이 되었어요.

가: 언제부터 흑석동에서 살았어요?
나: 여기에서 산 지 5년이 되었어요.

가: 남자 친구하고 사귄 지 얼마나 되었어요?
나: 사귄 지 1년 넘었어요.

가: 제이슨 씨, 필립 씨의 소식 들었어요?
나: 아니요, 저도 필립 씨 소식을 못 들은 지 한 달 되었어요.

### 연습

(1) 가: 다나카 씨는 한국에서 얼마나 오래 사셨어요?
나: ________________ 3년이 조금 넘었어요.

(2) 가: 오늘 저녁에 같이 술 마실까요?
나: 죄송해요. 건강이 안 좋아서 술을 끊었어요.
가: 언제부터요?
나: 술을 ________________ 6개월 되었어요.

(3) 가: 주리 씨, 언제 한국에 왔어요?
나: 2년 전에 한국에 왔어요. 요코 씨는 언제 한국에 왔어요?
가: 저는 한국에 ________________ 2년 되었어요.

(4) 가: 요즘 담배 안 피워요?
나: 네, 담배를 안 ________________ 한 달이 되었어요.

(5) 가: 왕명 씨는 한국말을 참 잘하세요. 한국말을 ________________ 얼마나 됐어요?
나: 얼마 안 되었어요. ________________ 세 달 되었어요.

끊다　　살다　　오다　　배우다　　피우다

## V-(으)려고

가: 왜 한국어를 배우세요?
나: 회사에 **취직하려고** 한국어를 배워요.

가: 오늘 왜 택시를 탔어요?
나: 늦어서 **지각하지 않으려고** 택시를 탔어요.

가: 그게 뭐예요?
나: 꽃이에요. 친구 생일이라서 친구에게 **주려고** 샀어요.

가: 방학 동안에 뭐 할 거예요?
나: 한국 요리를 배울 거예요. 그래서 한국 요리를 **배우려고** 요리 책을 샀어요.

### 연습

(1) 
여행을 가다

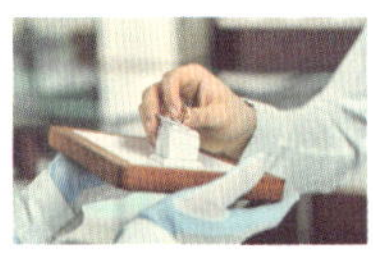
반지를 사다

(1) 여행을 가려고 돈을 모아요.

(2) 
여자 친구에게 주다

돈을 모으다

(2) ______________________________.

(3) 
파마하다

한국어를 배우다

(3) ______________________________.

(4) 

한국 사람과 말하다

미용실에 가다

(4) ______________________________.

(5) 
가수가 되다

노래 연습을 하다

(5) ______________________________.

## V-는 N

가: 지금 읽고 있는 책이 뭐예요?
나: 《해리 포터》예요. 한번 읽어 보세요.

가: 좋아하는 음식이 있어요?
나: 네, 제가 좋아하는 음식은 비빔밥이에요.

가: 한국 친구가 많아요?
나: 아니요, 지난달에 한국에 와서 아는 사람이 없어요.

가: 누가 운동을 잘해요?
나: 우리 반에서 운동을 제일 잘하는 사람은 유진 씨예요.

### 연습

(1) 가: 왕명 씨는 ________________ 곳이 어디예요?

나: 제가 ________________ 곳은 학교 기숙사예요.

(2) 가: 여자 친구 있어요?

나: 아니요, 요즘 ________________ 여자 친구가 없어요.

(3) 가: 왕명 씨가 ________________ 한국 노래가 있어요?

나: 네, 제가 ________________ 한국 노래는 '아리랑'이에요.

(4) 가: 요즘 잘 ________________ 한국 음식이 있어요?

나: 네, 제가 요즘 ________________ 한국 음식은 불고기예요.

(5) 가: 머리를 어디에서 잘라요?

나: 제가 잘 ________________ 미용실은 '가위손' 미용실이에요. 명동에 있어요.

| 가다 | 먹다 | 살다 | 알다 | 사귀다 |
|---|---|---|---|---|

## V-는 것

가: 지금 만드는 음식이 뭐예요?
나: 지금 만드는 것은 불고기예요.

가: 한국말을 잘하고 싶어요. 어떻게 해야 해요?
나: 매일 한국말로 이야기하는 것이 중요해요.

가: 주말에 뭐 해요?
나: 저는 사진 찍는 것을 좋아해서 자주 산에 가요.

가: 취미가 뭐예요?
나: 저는 친구들과 운동하는 것도 좋아하고 혼자 여행하는 것도 좋아해요.

### 연습

(1) 에릭 / 산책하다

가: 에릭 씨는 무엇을 좋아해요?

나: 저는 ______________________________.

(2) 아키코 / 영화 보다

가: ______________________________?

나: ______________________________.

(3) 수미 / 바이올린 켜다

가: ______________________________?

나: ______________________________.

(4) 다나카 / 혼자 여행하다

가: ______________________________?

나: ______________________________.

(5) 왕명 / 사진을 찍다

가: ______________________________?

나: ______________________________.

## 대화해 봅시다

**카 일** 아키코 씨는 언제 한국에 오셨어요?

**아키코** 한국에 온 지 6개월이 되었어요.

**왕 명** 아키코 씨는 왜 한국어를 배우세요?

**아키코** 대학교에 입학하려고 한국어를 배워요.
신문 방송학과를 졸업한 후에 유명한 아나운서가 되는 것이 제 꿈이에요.

**왕 명** 아, 그러세요? 그럼 좋아하는 방송인이 있어요?

**아키코** 네, 제가 좋아하는 방송인은 '김민수' 씨예요.
왕명 씨는 왜 한국어를 공부하세요?

**왕 명** 저는 한국 회사에 취직하려고 한국말을 공부해요.

1. 아키코 씨는 언제 한국에 왔습니까?

2. 아키코 씨의 꿈은 무엇입니까?

3. 왕명 씨는 왜 한국어를 공부합니까?

# 들어 봅시다

»» 여러분은 대학교에서 무엇을 전공하고 싶습니까?
대학교를 졸업한 후에 무슨 일을 하고 싶습니까?

## I 다음을 듣고 질문에 답하십시오.

1. 같으면 ○, 다르면 × 하십시오.

(1) 제임스 씨는 대학교에서 한국어를 전공하고 있습니다. (　　)

(2) 제임스 씨는 대학원에서 한국 역사를 전공하고 싶습니다. (　　)

(3) 린다 씨는 두 달 전에 한국에 왔습니다. (　　)

(4) 린다 씨는 미국에서 대학교를 졸업했습니다. (　　)

(5) 왕명 씨는 중앙대학교에 입학하려고 한국어를 배웁니다. (　　)

(6) 왕명 씨는 영화배우입니다. (　　)

2. 듣고 맞는 것을 연결하십시오.

| | | | |
|---|---|---|---|
| 제임스 • | • 미국 • | • 한국어교육원 • | • 연극 영화학과 |
| 린다 • | • 영국 • | • 변호사 사무실 • | • 역사학 |
| 왕명 • | • 중국 • | • 대학생 • | • 법학 |

3. 다음 질문에 답하십시오.

(1) 제임스 씨는 대학교에서 무엇을 전공하고 있습니까?

(2) 제임스 씨는 대학원을 졸업한 후에 무엇을 하려고 합니까?

(3) 린다 씨는 한국에 온 지 얼마나 되었습니까?

(4) 린다 씨는 어디에서 일하고 있습니까?

(5) 린다 씨는 미국에 돌아간 후에 무엇을 하려고 합니까?

(6) 왕명 씨는 한국어를 배운 지 얼마나 되었습니까?

(7) 왕명 씨는 왜 한국어를 공부하고 있습니까?

## 말해 봅시다

I 우리 반에서 누가 이렇게 합니까? 다음 질문에 맞으면 일어나십시오. 다른 학생들은 몇 명인지 세어 보십시오.

| 질문 : ______________ 는 사람은 누구예요? | 명 |
|---|---|
| 1. 아침 8시 전에 일어나는 사람은 누구예요? (일어나다) | ___ |
| 2. 혼자 ______________ 사람은? (살다) | ___ |
| 3. 매일 ______________ 사람은? (샤워하다) | ___ |
| 4. 매일 ______________ 사람은? (청소하다) | ___ |
| 5. 요리를 ______________ 사람은? (잘하다) | ___ |
| 6. 아침을 안 ______________ 사람은? (먹다) | ___ |
| 7. 한국을 ______________ 사람은? (좋아하다) | ___ |
| 8. 외국어를 ______________ 사람은? (잘하다) | ___ |
| 9. 순대를 ______________ 사람은? (먹을 수 있다) | ___ |
| 10. 걸어서 학교에 ______________ 사람은? (오다) | ___ |
| 11. 매일 집에서 ______________ 사람은? (요리하다) | ___ |
| 12. 요즘 다이어트를 ______________ 사람은? (하다) | ___ |
| 13. 일주일에 한 번 ______________ 사람은? (빨래하다) | ___ |
| 14. 요즘 한국 드라마를 ______________ 사람은? (보다) | ___ |
| 15. 매일 도서관에서 ______________ 사람은? (공부하다) | ___ |
| 16. 여자 친구/남자 친구가 ______________ 사람은? (있다) | ___ |
| 17. 일주일에 세 번 이상 ______________ 사람은? (운동하다) | ___ |
| 18. 지하철이나 버스로 학교에 ______________ 사람은? (오다) | ___ |
| 19. 하루에 커피를 두 잔 이상 ______________ 사람은? (마시다) | ___ |
| 20. ______________________________ 사람은 누구예요? | ___ |

## Ⅱ 한 사람은 다음 질문을 하고 한 사람은 '-(으)려고'를 사용해서 이야기해 보십시오.

| 번호 | 》 질문 《 | 나 ( ) | 친구 ( ) |
|---|---|---|---|
| 1 | 왜 중앙대학교에 왔어요? | | |
| 2 | 도서관/운동장에 왜 자주 가요? | | |
| 3 | 왜 한국 친구를 많이 사귀어요? | | |
| 4 | 대학교(원)에서 무엇을 전공하려고 해요? 왜요? | | |
| 5 | 이번 주말에 뭐 할 거예요? 왜 그것을 할 거예요? | | |

## Ⅲ 대학교 면접에서 교수님의 질문에 대답해 보십시오.

한 사람은 교수님이 되고 한 사람은 학생이 되어 대화를 만든 후 발표해 보십시오.

**보기**

**학 생** 안녕하세요. 저는 왕명이라고 합니다.
**교수님** 지금 사는 곳이 어디예요?
**학 생** 제가 사는 곳은 흑석동이에요.
**교수님** 한국어를 배운 지 얼마나 되었어요?
**학 생** 한국어를 배운 지 1년 반쯤 되었어요.
**교수님** 왜 한국어를 배워요?
**학 생** 중앙대학교에 입학하려고 한국어를 배워요.
**교수님** 대학교에서 무엇을 전공하고 싶어요?
**학 생** 저는 연극 영화학을 전공하고 싶어요.
**교수님** 왜 연극 영화학을 전공하고 싶어요?
**학 생** 저는 연극이나 영화 만드는 것을 좋아해요.
**교수님** 네, 알겠습니다. 수고했습니다.
**학 생** 고맙습니다.

## 읽어 봅시다

여러분은 대학교를 졸업하면 어떤 일을 하고 싶습니까? 어떤 직업을 갖고 싶습니까?
대학원에 입학할 때, 회사에 취직할 때 자기소개서를 씁니다. 여러분은 어떻게 쓰겠습니까?

### I 다음을 읽고 질문에 답하십시오.

**자기소개서**

이름: 한민호

**• 고향, 학교**

저는 1994년 부산에서 태어났습니다. 아버지는 중학교 교사이시고 어머니는 주부이십니다. 저는 부산에서 고등학교를 졸업한 후에 서울에 있는 대학교에 입학했습니다. 대학교에서는 영어 영문학을 전공하고 있습니다. 내년 2월에 대학교를 졸업할 겁니다.

**• 취미, 성격의 장점과 단점**

저는 글쓰는 것을 좋아합니다. 음악 듣는 것도 좋아하고 영화 보는 것도 좋아합니다. 운동도 좋아해서 여러 가지 운동을 할 수 있습니다. 태권도도 할 수 있고, 수영도 잘합니다. 시간이 나면 친구들과 노래방에 자주 갑니다. 저는 성실합니다. 모든 일을 열심히 합니다. 친구를 잘 도와줍니다. 이것이 저의 장점입니다. 그렇지만 아침에 일찍 일어나지 못합니다. 이것이 저의 단점입니다.

**• 특별한 경험**

대학교 2학년 때 영어를 배우려고 영국에 갔습니다. 그곳에서 8개월 동안 공부하면서 영어에 자신감이 생겼습니다. 그리고 세계 여러 나라의 친구들을 사귈 수 있었습니다. 그리고 그곳에 있는 친구들에게 한국어와 태권도도 가르쳤습니다.

**• 전공, 직업**

대학원에서도 영어 영문학을 전공하고 싶습니다. 저는 가르치는 것을 좋아하고 또 잘 가르칠 수 있습니다. 그래서 대학원을 졸업한 후에 대학교에서 학생들에게 영어를 가르치는 일을 하고 싶습니다. 교수가 되는 것이 저의 꿈입니다.

태어나다 / 시간이 나다 / 성실하다 / 장점 / 단점 / 자신감 / 생기다 / 꿈

1. 다음을 읽고 같으면 ○, 다르면 × 하십시오.

(1) 민호 씨는 서울에 있는 고등학교를 졸업했습니다. ( )

(2) 민호 씨의 고향은 부산입니다. ( )

(3) 민호 씨는 항상 아침에 일찍 일어납니다. ( )

(4) 민호 씨는 영국에서 친구들에게 태권도를 가르쳤습니다. ( )

(5) 민호 씨는 대학교에 입학하려고 합니다. ( )

(6) 민호 씨는 영어를 잘합니다. ( )

2. 다음을 읽고 질문에 답하십시오.

(1) 민호 씨는 언제 서울로 왔습니까? ( )

(2) 민호 씨는 대학교에서 무엇을 전공했습니까? ( )

(3) 민호 씨의 취미는 무엇입니까? ( )

(4) 민호 씨의 장점과 단점은 무엇입니까? ( )

(5) 민호 씨는 무엇을 하려고 영국에 갔습니까? ( )

(6) 민호 씨의 꿈은 무엇입니까? ( )

3. ______________ 에 맞는 말을 쓰십시오.

단점 장점 전공 자신감 성실하다 태어나다

(1) 제 생일은 1996년 10월 22일입니다. "저는 10월에 ______________."

(2) 모든 일을 열심히 하는 사람을 '______________한 사람'이라고 합니다.

(3) 저는 대학교에서 영어 영문학을 공부합니다. 친구는 대학교에서 법학을 공부합니다.

제 ______________은/는 영어 영문학이고 친구의 ______________은/는 법학입니다.

(4) '______________'은/는 '좋은 점'과 같은 말이고 '______________'은 '안 좋은 점'과 같은 말 입니다.

"나는 친절합니다. 성실합니다." 이것은 '______________'입니다. 그렇지만 "아침에 일찍 일어나지 못합니다. 게으릅니다." 이것은 '______________'입니다.

(5) '나는 모든 일을 잘할 수 있어요!'라고 생각하는 것을 ______________(이)라고 합니다.

노래를 부를 때, 외국어를 말할 때 ______________이/가 필요합니다.

# 써 봅시다

자신을 소개하는 글을 쓰십시오.

| | |
|---|---|
| 1문단 | • 여러분은 언제, 어디에서 태어났습니까? 여러분은 어디에서, 어느 학교를 졸업했습니까? |
| 2문단 | • 여러분의 부모님은 어떤 분이십니까? |
| 3문단 | • 여러분의 취미, 잘하는 것은 무엇입니까? |
| 4문단 | • 여러분의 성격은 어떻습니까? 장점은 무엇이고 단점은 무엇입니까? |
| 5문단 | • 대학교/대학원에서 무엇을 전공하고 싶습니까? 졸업 후에 무슨 일을 하고 싶습니까? 왜 그 일을 하고 싶습니까? |

100

200

300

2과

# 친구들에 대해서 이야기해 주세요

# 배워 봅시다

## 친구

짝

친하다

사귀다

친구가 생기다

생각이 나다

그립다

## V-(으)ㄴ N

가: 어제 본 영화가 어땠어요?
나: 아주 재미있었어요.

가: 제가 보낸 선물 받았어요?
나: 네, 잘 받았어요. 고맙습니다.

가: 교실에 중국 사람이 많아요?
나: 중국에서 온 사람이 6명 있어요.

가: 이 케이크가 정말 맛있어요. 어디에서 샀어요?
나: 산 케이크가 아니에요. 이건 제 친구가 만든 케이크예요.

### 연습

(1) 주말에 구두를 샀어요. 그 구두가 예뻐요.

⇨ 주말에 ______________________ 구두가 예뻐요.

(2) 지난주에 책을 읽었어요. 그 책이 어려웠어요.

⇨ ____________________________________________.

(3) 오늘 학생이 숙제를 안 했어요. 그 학생은 준호 씨예요.

⇨ ____________________________________________.

(4) 친구한테서 이야기를 들었어요. 그 이야기를 하겠어요.

⇨ ____________________________________________.

(5) 어젯밤에 친구가 전화를 걸었어요. 그 친구는 피터 씨예요.

⇨ ____________________________________________.

## N에 대한 / N에 대해(서)

가: 민수 씨는 요즘 무슨 책을 많이 읽으세요?
나: 민수 씨는 한국 문화에 대한 책을 많이 읽어요.

가: 오늘 신문에서 세계 경제에 대한 기사를 읽었어요.
나: 요즘 세계 경제가 어때요?

가: 왕명 씨를 알아요?
나: 네, 왕명 씨에 대해서 자주 들었어요.

가: 대학에서 무엇을 공부하고 싶어요?
나: 저는 영화에 대해서 공부하고 싶어요.

| | 명사 (N) | | 동사 (V) |
|---|---|---|---|
| N에 대한 | 책<br>글<br>기사<br>영화<br>이야기 | N에 대해서<br>N에 대하여 | 듣다<br>알다<br>배우다<br>읽다<br>이야기하다 |

- 우리는 한국 문화에 대한 이야기를 했어요.
  N
- 나는 그 사람에 대한 말을 들었어요.
  N

- 우리는 한국 문화에 대해서 이야기했어요.
  V
- 나는 그 사람에 대해서 들었어요.
  V

## 연습

(1) 가: 제가 운동을 하려고 하는데 어떤 운동이 좋아요?

나: 글쎄요, 저는 운동 ______________ 잘 몰라요.

(2) 가: 진주 씨, 한국 역사책 샀어요?

나: 네, 한국 역사 ______________ 더 알고 싶어서요.

(3) 가: 민수 씨, 일본 ______________ 여행 안내책이 있어요?

나: 네, 있어요. 일본에 여행 가려고 하세요?

(4) 가: 요즘 세계 경제가 많이 안 좋아요.

나: 맞아요. 미나 씨는 세계 경제 ______________ 어떻게 생각하세요?

(5) 가: 마이클 씨, 수미 씨에게 관심 있어요?

나: 네, 수미 씨 ______________ 더 알고 싶어서 다른 친구들에게

수미 씨 ______________ 물어보고 싶어요.

## A/V-(으)ㄴ/는데 // N인데 ②

가: 옷이 참 좋아요.
나: 남대문 시장에서 샀는데 편하고 좋아요.

가: 사진에 있는 이 사람이 누구예요?
나: 이 사람은 제 동생인데 지금 부산에 있어요.

가: 냉면 먹어 봤어요?
나: 네, 어제 점심에 냉면을 먹었는데 아주 맛있었어요.

가: 요즘 공원에 자주 가세요?
나: 네, 아침마다 공원에 가는데 운동하는 사람들이 많아요.

| 현재 | | | | 과거 | |
|---|---|---|---|---|---|
| A-(으)ㄴ데 | | V-는데 | N인데 | A/V-았/었는데 | N였는데/이었는데 |
| (받침×) | 큰데 | 가는데 | 친구인데 | 컸는데/갔는데 | 친구였는데 |
| (받침ㅇ) | 좋은데 | 먹는데 | 학생인데 | 좋았는데/먹었는데 | 학생이었는데 |

### 연습

(1) 미영 씨가 어제 머리를 ______________ 아주 예뻐요.

(2) 어제 식당에서 갈비를 ______________ 정말 맛있었어요.

(3) 저는 지금 하숙집에 ______________ 방도 크고 깨끗해요.

(4) 어제 라디오를 ______________ 좋은 음악이 많이 나왔어요.

(5) 지난주에 인사동에 ______________ 예쁜 물건이 많이 있었어요.

살다 듣다 가다 먹다 자르다

## A/V-군요/는군요 // N(이)군요

가: 저는 한국 친구가 20명쯤 있어요.
나: 20명요? 피터 씨는 한국친구가 많군요.

가: 리사 씨는 매일 아침 5시에 일어나요.
나: 5시요? 정말 일찍 일어나는군요.

가: 어제 많이 아팠어요.
나: 아, 그래서 학교에 안 왔군요.

가: 저는 외국인들한테 한국어를 가르쳐요.
나: 이수진 씨는 한국어 선생님이시군요.

### 연습

(1)

옷이 ______________________________!

(2)

날씨가 ______________________________!

(3)

길이 ______________________________!

(4)

시험을 아주 ______________________________!

(5)

______________________________!

# 대화해 봅시다

**수지** 민수 씨, 어제 친구들 잘 만났어요?

**민수** 네, 고등학교를 같이 다닌 친구들인데 고등학교 때는 매일 같이 운동도 하고 공부도 했어요.

**수지** 그 친구들과 친했군요.

**민수** 네, 정말 친했어요. 그렇지만 요즘엔 바빠서 일 년에 한두 번 정도 만나요.

**수지** 오랜만에 친구들을 만나면 무슨 이야기를 해요?

**민수** 보통 고등학교 때 이야기를 해요. 우리를 가르친 선생님, 우리가 자주 간 식당, 우리가 좋아한 여학생들에 대해서 얘기해요.

**수지** 민수 씨는 고등학교 때 정말 즐거운 시간을 보냈군요.

1. 민수 씨가 어제 만난 사람들은 누구입니까?

2. 민수 씨는 그 사람들을 자주 만납니까?

3. 민수 씨는 오랜만에 친구들을 만나면 무슨 이야기를 합니까?

## 들어 봅시다

여러분은 같이 방을 쓰는 사람이 있습니까? 그 사람은 어떻습니까? 여러분과 잘 맞습니까? 어떤 사람과 같이 방을 쓰고 싶습니까?

### I 다음을 듣고 질문에 답하십시오.

1. 같으면 ○, 다르면 × 하십시오.

(1) 영미 씨는 집안일 하는 것을 좋아했습니다. ( )

(2) 진진 씨는 깨끗한 것을 좋아합니다. ( )

(3) 진진 씨는 지금 친구 2명과 같이 살고 있습니다. ( )

(4) 진진 씨는 지금 같이 사는 친구들과 잘 맞지 않습니다. ( )

(5) 진진 씨는 지금 같이 사는 친구들과 시간을 많이 보냅니다. ( )

2. 다음 질문에 답하십시오.

(1) 진진 씨는 왜 이사를 했습니까?

(2) 영미 씨는 어떤 사람이었습니까?

(3) 지금 진진 씨와 같이 사는 친구들은 어떻습니까?

(4) 왜 진진 씨는 같이 사는 친구들과 여러 가지 일을 같이 합니까?

>>> 같이 사는 사람이 있습니까? 그 친구에 대해 이야기해 보십시오. 같이 살 때 뭐가 좋습니까? 뭐가 불편합니까? 같이 사는 사람이 없습니까? 그럼 어떤 사람과 같이 살고 싶습니까? 어떤 사람과 살고 싶지 않습니까?

# 말해 봅시다

Ⅰ 다음은 친구가 1년 전에 한 일과 요즘 하는 일입니다. 친구가 한 일과 요즘 하는 일을 물어보십시오.

**보기**

**유민** 요즘 자주 보는 TV 프로그램이 뭐예요?
**민수** 요즘 자주 보는 것은 한국 드라마예요.
**유민** 그럼 작년에 자주 본 것은 뭐였어요?
**민수** 작년에 자주 본 것은 코미디였어요.

| | 민수 | | | | | |
|---|---|---|---|---|---|---|
| | 작년 | 요즘 | 작년 | 요즘 | 작년 | 요즘 |
| 보다/TV프로그램 | 코미디 | 한국드라마 | | | | |
| 입다/옷 | 셔츠, 청바지 | 반바지 | | | | |
| 읽다/책 | 잡지 | 만화책 | | | | |
| 듣다/음악 | 클래식 음악 | 한국 노래 | | | | |
| 만들다/음식 | 짜장면 | 김밥 | | | | |
| 먹다/한국 음식 | 떡볶이 | 비빔밥 | | | | |

Ⅱ 어제 여러분은 친구의 생일 파티에 갔습니다. 파티에 온 사람들 중에 마음에 드는 사람이 있어서 친구에게 그 사람에 대해서 물어 봅니다. 보기 와 같이 이야기를 만들어 보십시오.

**보기**

가: 어제 파티에 온 사람들에 대해서 다 알아요?
나: 네, 다 알아요.

가: 어제 미란 씨와 같이 춤을 춘 남자가 누구예요?
나: 누구요?

가: 어제 티셔츠와 청바지를 입은 사람이요.
나: 아, 그 사람은 호앙 씨인데 제 친구예요.

가: 아, 호앙 씨가 친구군요! 호앙 씨에 대해서 잘 알아요?
나: 네, 호앙 씨는 베트남 사람이에요.

가: 그래요? 호앙 씨는 몇 살이에요?
나: 호앙 씨는 22살인데 아직 여자 친구가 없어요.

가: 호앙 씨의 취미는 뭐예요?
나: 호앙 씨의 취미는 음악 감상인데 노래 부르는 것도 좋아해요.

호 앙: 베트남 사람, 대학생, 22살, 취미는 음악 감상
카 일: 미국 사람, 회사원, 27살, 취미는 수영
에밀리: 프랑스 사람, 선생님, 30살, 취미는 여행
진 주: 한국 사람, 의사, 35살, 취미는 등산

# 읽어 봅시다

여러분이 요즘 자주 만나는 친구는 누구입니까? 그 친구를 어떻게 만났습니까? 친구와 무슨 이야기를 합니까?

## I 다음을 읽고 질문에 답하십시오.

제 이름은 '윤은영'입니다. 저의 제일 친한 친구를 소개하려고 합니다. 친구의 이름은 '손혜주'입니다. 혜주는 고등학교 1학년 때 제 짝이었습니다. 우리는 항상 같이 점심을 먹고, 노래를 듣고, 같이 집에 가고, 같이 도서관에서 공부를 했습니다. 그래서 친한 친구가 되었습니다.

우리는 둘 다 운동을 아주 못했습니다. 그래서 체육 시간에 달리기를 하면 우리가 제일 뒤에서 뛰었습니다. 체육 시간이 힘들었지만 혜주와 같이 있어서 재미있었습니다.

고등학교를 졸업한 후에 우리는 서로 다른 대학교에 가서 자주 만나지 못했습니다. 그리고 혜주는 결혼을 하고 강원도로 이사를 갔습니다. 제일 친한 친구가 먼 곳으로 이사를 가서 처음에는 많이 슬펐습니다. 그런데 생활이 바쁘고 다른 친구들도 생겨서 혜주 생각이 많이 안 났습니다. 그래서 저는 혜주에게 연락하지 않았습니다.

그리고 몇 년 후에 저에게 힘든 일이 생겼습니다. 많은 친구들이 있었지만 저는 혜주가 많이 생각났습니다. 오랫동안 혜주에게 연락을 안 해서 연락을 하는 것이 쉽지 않았습니다. 어느 날 혜주에게 전화를 했습니다.

혜주는 제 전화를 받고 이렇게 말했습니다.

"정말 반가워. 나도 네가 많이 보고 싶었는데 전화해 줘서 정말 기뻐."

혜주와 저는 전화로 오랫동안 이야기를 했습니다. 그때부터 우리는 전화도 자주 하고 자주 만납니다.

체육시간 / 달리기 / 뛰다 / 서로 / 강원도 / 생각나다

1. 이 글을 읽고 같으면 ○, 다르면 × 하십시오.

(1) 은영 씨와 혜주 씨는 고등학교 친구입니다. ( )

(2) 혜주 씨는 운동을 못했습니다. ( )

(3) 두 사람은 수업 시간에 이야기를 많이 했습니다. ( )

(4) 혜주 씨는 강원도에서 대학교를 다녔습니다. ( )

(5) 은영 씨는 친구가 많이 없었습니다. ( )

(6) 두 사람은 요즘 자주 만나고 연락도 자주 합니다. ( )

2. 다음 질문에 답하십시오.

(1) 두 사람은 어떻게 만났습니까?

(2) 은영 씨는 왜 체육 시간이 재미있었습니까?

(3) 대학교 다닐 때 왜 두 사람은 자주 못 만났습니까?

(4) 은영 씨는 강원도에 있는 혜주 씨에게 왜 연락을 하지 않았습니까?

(5) 은영 씨는 왜 오랜만에 혜주 씨에게 연락을 했습니까?

>>> 여러분은 우리 반 친구들에 대해 많이 알고 있습니까?
옆 친구에게 다음을 물어보십시오.

1. 고등학교 때 성격이 어땠습니까?
2. 고등학교 때 잘하는 과목과 못하는 과목은 무엇이었습니까?
3. 힘든 일이 있을 때 같이 이야기하는 사람은 누구입니까?

## 써 봅시다

여러분의 친구를 소개하는 글을 쓰십시오.

| | |
|---|---|
| 1문단 | • 가장 친한 친구는 누구입니까? |
| | • 언제 어디에서 처음 만났습니까? |
| 2문단 | • 그 친구는 어떤 사람입니까? 무엇을 좋아합니까? |
| | • 그 친구와 함께 무엇을 했습니까? (추억) |
| 3문단 | • 그 친구와 나는 어떤 점이 비슷합니까? 어떤 점이 다릅니까? |
| 4문단 | • 그 친구와 지금도 연락을 합니까? |

100

200

300

3과

# 한국 생활에 익숙해져서 재미있어요

# 배워 봅시다

## 생활

힘들다

복잡하다

편하다/불편하다

즐겁다

외롭다

이해하다

알아듣다

길을 잃다

길을 찾다

## V-(으)ㄹ N

가: 주말인데 집에 있어요?
나: 네, 할 일이 있어요.

가: 무엇을 찾고 있어요?
나: 내일 입을 옷을 찾고 있어요.

가: 마트에서 무엇을 살 거예요?
나: 내일 먹을 빵을 살 거예요.

가: 명동에서 무엇을 샀어요?
나: 부모님께 드릴 선물을 샀어요.

### 연습

(1) 시장에서 내일 ______________ 음식을 샀어요.

(2) 다음 학기에 ______________ 수업은 '한국의 문화'입니다.

(3) 어제 서점에서 다음 학기에 ______________ 책을 샀어요.

(4) 유민 씨, 우리가 내일 ______________ 옷은 누가 입어요?

(5) 회사 일이 바빠요. 그래서 저녁에 ______________ 일이 많아요.

| 하다 | 먹다 | 듣다 | 만들다 | 배우다 |
|---|---|---|---|---|

## A/V-거나

가: 보통 아침에 뭘 먹어요?
나: 빵을 먹거나 우유를 마셔요.

가: 일요일에 뭐 해요?
나: 친구를 만나거나 쇼핑을 해요.

가: 너무 심심해요.
나: 좋아하는 음악을 듣거나 영화를 보세요.

가: 영화를 좋아해요?
나: 네, 그렇지만 무섭거나 슬픈 영화는 좋아하지 않아요.

### 연습

(1)
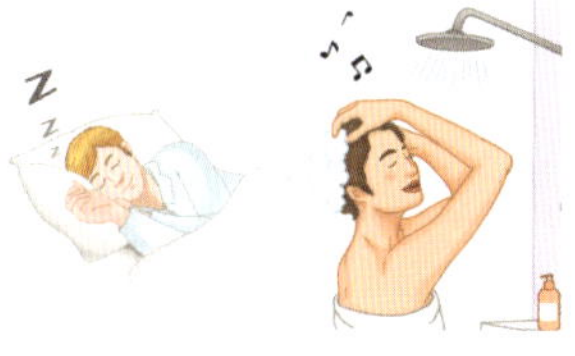

가: 피곤하면 어떻게 해요?
나: ____________ 거나
____________.

(2)

가: 언제 부모님이 보고 싶어요?
나: ____________ (으)면 보고 싶어요.

(3)
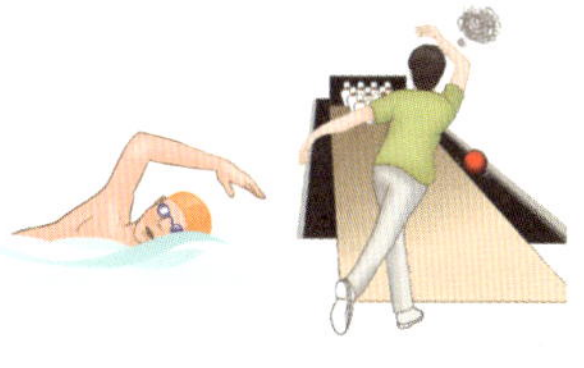

가: 운동을 하려고 해요. 어떤 운동이 좋아요?
나: ____________ (으)세요.

(4)

가: 여자 친구가 화가 났어요. 어떻게 하면 좋아요?
나: ____________ (으)세요.

(5)

가: 주말에 뭐 해요?
나: ____________.

## A-아/어지다

가: 오늘 춥지요?
나: 네, 어제는 안 추웠는데 추워졌어요.

가: 요즘 한국 생활이 어때요?
나: 처음에는 힘들었는데 지금은 익숙해졌어요.

가: 요즘 별로 기분이 좋지 않아요.
나: 그러면 많이 웃어 보세요. 웃으면 행복해져요.

가: 어제도 컴퓨터 게임을 1시까지 했어요.
나: 그렇게 컴퓨터 게임을 많이 하면 눈이 나빠져요.

### 연습

(1) 가: 한국어 공부가 어때요?

나: 처음에 어려웠는데 지금은 ______________.

(2) 가: 수미 씨, 오랜만이에요. 방학 잘 지냈어요?

나: 반가워요. 주영 씨는 그동안 더 ______________.

(3) 가: 사과 한 개에 2,000원이에요?

나: 네, 겨울이라서 가을보다 사과 값이 ______________.

(4) 가: 필립 씨는 광화문에 처음 와 봤어요?

나: 아니요, 작년에 와 봤는데 요즘 많이 ______________.

(5) 가: 에릭 씨, 요즘 건강은 어때요?

나: 옛날에 자주 아팠는데 요즘은 매일 운동을 해서 ______________.

| 다르다 | 쉽다 | 예쁘다 | 비싸다 | 건강하다 |
|---|---|---|---|---|

## V-기(가) 쉽다 / 좋다 / 편하다 / 불편하다 ……

가: 한국어 공부하기가 어때요?
나: 재미있는데 말하기가 어려워요.

가: 피터 씨의 집이 학교에서 가깝지요?
나: 네, 그래서 학교 다니기가 편해요.

가: 그 병원을 찾기가 어려워요?
나: 아니요, 큰 건물 옆에 있어서 찾기가 쉬워요.

### 연습

(1) 가: 한국 생활이 어때요?

나: 혼자 사니까 ______________________.

(2) 가: 지난달에 회사 근처로 이사했지요?

나: 네, 회사가 집 근처라서 ______________________.

(3) 가: 요즘도 민수 씨를 자주 만나요?

나: 아니요, 민수 씨가 바빠서 ______________________.

(4) 가: 학교에 버스 타고 다니세요?

나: 네, 그런데 버스 정류장이 멀어서 버스를 ______________________.

(5) 가: 마이클 씨, 한국어 공부하기가 어때요?

나: 한국어는 한자가 많아서 미국 사람이 ______________________.

| | | |
|---|---|---|
| 만나다 / 어렵다 | 배우다 / 어렵다 | 타다 / 불편하다 |
| 출퇴근하다 / 편하다 | 생활하다 / 힘들다 | |

# 대화해 봅시다

**유민** 왕명 씨, 요즘 한국 생활이 어때요?

**왕명** 처음에는 힘들었는데 요즘에는 한국 생활이 재미있어졌어요.

**유민** 처음에 뭐가 힘들었어요?

**왕명** 한국말을 잘 몰라서 혼자 구경 다니기가 힘들었어요. 그리고 매일 혼자 집에 있어서 항상 심심했어요.

**유민** 요즘에도 혼자 집에 있어요?

**왕명** 아니요, 요즘은 한국어 실력이 좋아져서 주말에는 명동에 가거나 여기저기 구경을 다녀요.

**유민** 명동에 가면 무엇을 해요?

**왕명** 친구들에게 줄 선물을 사거나 쇼핑을 해요. 이제 한국 생활에 익숙해져서 재미있어요.

1. 왕명 씨는 처음에 한국 생활이 어땠습니까?

2. 왕명 씨는 명동에 가면 무엇을 합니까?

3. 왕명 씨는 요즘 한국 생활이 어떻습니까?

# 들어 봅시다

한국 생활이 힘들 때는 언제입니까?

## Ⅰ 다음을 듣고 질문에 답하십시오.

1. 같으면 ○, 다르면 × 하십시오.

(1) 남자는 한국에 오기 전에 김치를 먹어 보지 않았습니다. ( )

(2) 여자는 매운 음식을 잘 먹습니다. ( )

(3) 남자는 처음에 한국에서 식사하기가 힘들었습니다. ( )

(4) 남자는 처음에는 매운 음식을 못 먹었지만 지금은 잘 먹습니다. ( )

(5) 여자가 제일 좋아하는 음식은 김치찌개입니다. ( )

(6) 남자는 한국 생활에 익숙해지지 않았습니다. ( )

2. 다음 질문에 답하십시오.

(1) 두 사람은 어디에서 이야기를 하고 있습니까?

(2) 남자는 무엇을 먹으려고 합니까?

(3) 남자는 왜 처음에 한국 생활이 힘들었습니까?

(4) 남자는 언제 고향에 가고 싶어집니까?

>>> 여러분은 처음 한국에 왔을 때 한국 음식을 잘 먹었습니까? 지금은 한국 음식을 잘 먹습니까? 어떤 음식을 좋아합니까? 여러분은 언제 고향에 가고 싶어집니까?

## 말해 봅시다

I 다음은 옛날과 현재의 서울입니다. 무엇이 어떻게 달라졌습니까? 그림을 보고 이야기해 보십시오.

| | |
|---|---|
| 길이 좁다 / 넓다 | 건물이 낮다 / 높다 |
| 나무가 많다 / 적다 | 공기가 좋다 / 안 좋다 |
| 사람이 적다 / 많다 | 차가 느리다 / 빠르다 / 적다 / 많다 |

〈옛날〉

〈현재〉

Ⅱ 여러분의 요즘 생활은 어떻습니까? 보기 와 같이 '-기'를 사용해서 이야기해 보십시오.

보기
가: 지하철 타기가 어때요?
나: 지하철 타기가 편해요.

| | 편하다 | 불편하다 | 쉽다 | 어렵다 |
|---|---|---|---|---|
| 버스나 지하철 타다 | ✓ | | | |
| 서울에서 쇼핑하다 | | | | |
| 반 친구와 친해지다 | | | | |
| 한국어를 배우다 | | | | |
| 학교에 다니다 | | | | |

Ⅲ 요즘 여러분의 고민은 무엇입니까? 친구에게 여러분의 고민을 이야기해 보십시오. 친구는 고민을 듣고 좋은 방법을 이야기해 주십시오.

보기
가: OO 씨, 요즘 고민이 있어요?
나: 네, 있어요. 한국생활이 심심해요. 어떻게 하면 좋아요?
가: 취미생활을 하거나 친구를 사귀어 보세요. 그러면 한국생활이 재미있어져요.
나: 고마워요.

| 고민 | 방법 | 변화 |
|---|---|---|
| 한국 생활이 심심하다 | 취미생활, 친구 | 한국 생활이 재미있어지다 |
| 한국 친구가 없다 | | |
| 한국어가 어렵다 | | |
| 요즘 살이 많이 쪘다 | | |
| 눈이 많이 나빠졌다 | | |

## 읽어 봅시다

여러분은 처음에 한국말을 어디에서, 누구에게서 배웠습니까?
여러분의 한국생활은 처음과 지금 어떻게 달라졌습니까?

### I 다음을 읽고 질문에 답하십시오.

**다음은 호앙 씨가 한국어를 처음 가르쳐 주신 선생님께 쓴 편지입니다.**

김상미 선생님께

선생님, 그동안 잘 지내셨지요? 저도 잘 지내고 있어요.

서울은 요즘 날씨가 많이 쌀쌀해졌어요. 선생님이 계신 곳도 많이 추워졌지요?

제가 한국에 온 지 벌써 2년이 넘었어요. 그리고 대학교에 입학한 지 8개월이 지났어요. 대학교에 입학한 후 처음에는 수업을 듣기가 아주 어려웠어요. 하지만 수업도 열심히 듣고 한국 친구들과 한국말로 자주 말했어요. 그래서 지금은 처음보다 한국어 실력도 좋아지고 한국어 발음도 좋아졌어요. 선생님, 2년 전이 생각나요. 그때 선생님께 처음 한국말을 배웠어요. 그때는 한국말을 잘 못해서 생활하기가 정말 힘들고 친구도 사귀기 힘들었어요. 혼자 지하철을 타기도 어렵고 아는 사람이나 친구도 없어서 항상 집에 있었어요. 혼자 집에 있을 때는 외롭고 슬퍼서 고향에 돌아가고 싶었어요. 선생님은 저한테 그게 '향수병'이라고 했어요. 그때 선생님이 저를 많이 도와주셨어요. 감사합니다.

지금은 같은 하숙집에 사는 한국 친구들을 사귀어서 한국 생활이 즐거워졌어요. 지금은 처음보다 한국어 실력도 좋아지고 한국어 발음도 좋아졌어요. 혼자 있을 때는 지하철을 타고 서울 여기저기 구경도 다녀요.

처음에는 한국음식이 입에 안 맞아서 힘들었는데 지금은 김치도 잘 먹어요. 요즘은 피자나 돈가스를 먹을 때도 김치와 같이 먹어요. 한국 음식이 다 맛있어져서 2년 전보다 조금 살이 쪘어요.

선생님, 제 걱정 많이 하셨지요? 이제는 걱정하지 마세요. 선생님께서 잘 가르쳐 주셔서 지금 저는 한국에서 대학 생활을 잘하고 있어요. 지금은 한국 생활에 익숙해져서 한국에서 사는 것이 즐거워요. 선생님, 감사합니다.

이번 방학 동안 고향에 다녀오려고 해요. 앞으로 자주 연락하겠어요. 안녕히 계세요.

10월 20일 호앙 드림

수업을 듣다 / 향수병 / (음식이) 입에 맞다

1. 이 글을 읽고 같으면 ○, 다르면 × 하십시오.

(1) 호앙 씨는 8개월 전에 한국에 왔습니다. ( )

(2) 호앙 씨는 한국에 온 후에 향수병에 걸렸습니다. ( )

(3) 호앙 씨는 처음보다 한국어 실력이 좋아졌습니다. ( )

(4) 호앙 씨는 지금 한국어교육원 학생입니다. ( )

(5) 호앙 씨는 지금 김상미 선생님께 한국말을 배우고 있습니다. ( )

2. 다음 질문에 답하십시오.

(1) 김상미 선생님은 누구입니까?

(2) 호앙 씨는 처음에 왜 집에 혼자 있었습니까?

(3) '향수병'은 어떤 병입니까?

(4) 호앙 씨는 어떻게 한국어 실력이 좋아졌습니까?

(5) 호앙 씨는 한국에 처음 왔을 때와 지금 어떻게 달라졌습니까?

| | **처음** | **지금** |
|---|---|---|
| 한국어 실력 | | |
| 지하철 타기 | | |
| 한국 음식 | | |
| 한국 생활 | | |
| 한국 친구 | | |

>>> 여러분은 지금까지 한국에서 사는 동안 누구에게 제일 감사합니까? 그 이유는 무엇입니까?

# 써 봅시다

여러분에게 처음 한국어를 가르쳐 주신 선생님께 편지를 쓰십시오.

| | |
|---|---|
| 1문단 | • 여러분에게 처음 한국어를 가르쳐 주신 선생님의 이름은 무엇입니까? |
| 2문단 | • 그 선생님께 한국어를 배울 때 어떤 일이 있었습니까? 어떤 생각이 납니까? |
| 3문단 | • 한국에 처음 왔을 때와 지금 무엇이 달라졌습니까? |
| 4문단 | • 선생님께 어떤 감사 인사를 드리고 싶습니까? |

4과

# 컴퓨터가 고장 났는데 어떻게 해야 해요?

# 배워 봅시다

## 컴퓨터

고장이 나다

고치다 / 수리하다

서비스 센터

수리비

## 서비스 센터

| | | | |
|---|---|---|---|
| 신고하다 | 해지하다 | 분실하다 | 정지하다 |
| 확인하다 | 잃어버리다 | 잊어버리다 | |

## 고장

| | | |
|---|---|---|
| 물이 나오다 / 안 나오다 | 인터넷이 되다 / 안 되다 | 바람이 나오다 / 안 나오다 |
| 화면이 보이다 / 안 보이다 | 소리가 들리다 / 안 들리다 | 물이 내려가다 / 안 내려가다 |
| 불이 들어오다 / 안 들어오다 | | |

## V-(으)ㄹ 줄 알다 / 모르다

가: 한국말을 할 줄 알아요?
나: 네, 할 줄 알지만 잘 못해요.

가: 한자를 읽을 줄 알아요?
나: 네, 한자를 읽을 줄 알아요.

가: 운전할 줄 알아요?
나: 네, 운전할 줄 알아요. 하지만 한국에서는 안 해 봤어요.

가: 한국 음식을 만들 줄 알아요?
나: 한국 음식을 만들 줄 모르지만 중국 음식은 잘 만들어요.

### 연습

(1)

가: 수영을 ______________________ ?
나: 네, ______________________ .
그렇지만 잘 못해요.

(2)

가: 이 게임을 ______________________ ?
나: 아니요, ______________________ .
가르쳐 주시겠어요?

(3)

가: 복사기를 ______________________?

나: 아니요, ______________________.

좀 도와주세요.

(4)

가: 한국 노래를 ______________________?

나: 네, ______________________.

그렇지만 잘 못해요.

(5)

가: 아기가 몇 살이에요?

아기가 ______________________?

나: 네, 3살이에요. 혼자 잘 걸어요.

## A-(으)ㄴ데 // V-는데 // N인데 ③

가: 배가 아픈데 약이 있어요?
나: 네, 여기 있어요.

가: 내일 일요일인데 우리 뭐 할까요?
나: 영화를 보거나 산에 갑시다.

가: 컴퓨터가 고장 났는데 어떻게 해야 해요?
나: 서비스 센터에 가 보세요.

가: 한국에서는 여름에 삼계탕을 먹는데 여러분 나라에서는 뭘 먹어요?
나: 우리 나라에서는 시원한 과일을 먹어요.

### 연습

(1) 가: 지금 학생증이 ______________ 어떻게 해요?

나: 학생증이 없으면 책을 빌릴 수 없어요.

(2) 가: 통장 비밀번호를 ______________ 어떻게 해요?

나: 은행에서 비밀번호를 다시 만들어야 해요.

(3) 가: 화장실의 물이 안 ______________ 어떻게 해요?

나: 거기가 몇 동 몇 호예요? 관리실 아저씨가 갈 거예요.

(4) 가: 에어컨에서 바람이 안 ______________ 어떻게 해요?

나: 서비스 센터에 전화를 해 보세요.

(5) 가 : 휴대 전화의 소리가 안 ______________ 어떻게 해야 해요?

나: 가까운 서비스 센터에 가 보세요.

| 없다 | 나오다 | 들리다 |
|---|---|---|
| 내려가다 | 잊어버리다 | |

## V-는 게 어때요?

가: 수업 끝난 후에 무엇을 할까요?
나: 영화를 보러 가는 게 어때요?

가: 하숙집이 너무 멀어서 자주 지각을 해요.
나: 그러면 기숙사에 사는 게 어때요?

가: 구두를 신고 갈까요?
나: 오래 걸어야 하니까 운동화를 신는 게 어때요?

가: 무엇을 먹으러 갈까요?
나: 날씨가 더우니까 시원한 냉면을 먹는 게 어때요?

### 연습

(1) 가: 요즘 기침도 많이 하고 건강이 안 좋아요.

나: 그럼 ______________________________ ?

(2) 가: 요즘 밤에 잠을 잘 못 자요.

나: 자기 전에 ______________________________ ?

(3) 가: 대학교에서 무엇을 공부해야 해요? 잘 모르겠어요.

나: 그러면 ______________________________ ?

(4) 가: 주말에 뭘 하고 싶어요?

나: 날씨가 좋으니까 ______________________________ ?

(5) 가: 컴퓨터가 계속 고장 나요.

나: 요즘 전자 상가에서 세일을 해요. 이번에 ______________________________ ?

| | | |
|---|---|---|
| 등산을 가다 | 담배를 끊다 | 선생님께 물어보다 |
| 새 컴퓨터를 사다 | 따뜻한 우유를 마시다 | |

## V-는 게 좋겠어요

가: 우리 커피 마실까요?
나: 잠을 못 자니까 안 마시는 게 좋겠어요.

가: 서울역까지 어떻게 갈까요?
나: 짐이 많으니까 택시를 타는 게 좋겠어요.

가: 민호 씨는 무엇을 먹을 거예요?
나: 저는 매운 음식을 못 먹으니까 불고기를 먹는 게 좋겠어요.

가: 손님, 요즘 날씨가 더우니까 머리를 좀 자르는 게 좋겠어요.
나: 네, 그러면 조금만 잘라 주세요.

### 연습

(1) 가: 인천 공항까지 어떻게 갈까요?

나: 지하철은 갈아타야 하니까 버스를 ______________________.

(2) 가: 내일 같이 등산을 갑시다.

나: 미안해요. 감기에 걸려서 집에서 ______________________.

(3) 가: 오늘 수업 끝나고 쇼핑하러 명동에 갑시다.

나: 오늘은 숙제가 많으니까 다음에 ______________________.

(4) 가: 우리 공포 영화를 보는 게 어때요?

나: 무서운 영화를 좋아하지 않아요. 코미디 영화를 ______________________.

(5) 가: 컴퓨터가 고장 났는데 어떻게 할까요? 수리비는 20만 원인데…….

나: 수리하는 것보다 ______________________.

## 대화해 봅시다

**필립** 주영 씨, 컴퓨터가 고장 났는데 어떻게 해야 해요?

**주영** 컴퓨터가 어떻게 이상해요?

**필립** 다른 프로그램은 되는데 인터넷이 안 돼요.
주영 씨, 컴퓨터를 고칠 줄 알아요?

**주영** 컴퓨터를 많이 사용하지만 고칠 줄 몰라요.
서비스 센터에 가지고 가 보는 게 어때요?

**필립** 이 컴퓨터는 한국에서 안 샀는데 고칠 수 있어요?

**주영** 그러면 학교 앞에 있는 '컴퓨터 닥터'에 가 보는 게 좋겠어요.

**필립** 거기에서는 다른 나라에서 산 컴퓨터도 고칠 수 있어요?

**주영** 그럼요, 아사코 씨도 지난번에 거기에서 컴퓨터를 고쳤어요.

**필립** 고마워요, 주영 씨.

1. 필립 씨의 컴퓨터는 어떻게 고장 났어요?

2. 필립 씨는 어디에서 컴퓨터를 고칠 거예요?

3. 필립 씨는 왜 컴퓨터 회사의 서비스 센터에 가지 않아요?

# 들어 봅시다

여러분은 한국에서 어떤 문제가 있었습니까?
그 문제를 어떻게 해결했습니까?

## I 다음을 듣고 질문에 답하십시오.

1. 왕명 씨는 지금 어디에 전화를 걸었습니까?

① 지하철 분실물 센터　② 인터넷 서비스 센터

③ 휴대폰 서비스 센터　④ 외국인 출입국 사무소

2. 같으면 ○, 다르면 × 하십시오.

(1) 왕명 씨는 휴대폰이 고장 나서 서비스 센터에 전화를 했습니다. (　　)

(2) 외국인 등록 번호나 여권 번호가 있으면 본인 확인을 할 수 있습니다. (　　)

(3) 왕명 씨는 휴대폰 사용 정지를 하려고 합니다. (　　)

(4) 휴대폰 사용 정지를 하면 다른 사람이 휴대폰을 사용할 수 없습니다. (　　)

(5) 휴대폰을 잃어버린 후에 휴대폰을 찾으면 그 휴대폰 번호를 사용할 수 없습니다. (　　)

3. 다음 질문에 답하십시오.

(1) 왕명 씨는 왜 휴대폰 서비스 센터에 전화를 걸었습니까?

(2) 왕명 씨는 왜 주민 등록 번호가 없습니까?

(3) 왕명 씨는 왜 휴대폰 사용 정지를 하려고 합니까?

(4) 휴대폰을 찾은 후에 다시 전화를 사용하고 싶으면 어떻게 해야 합니까?

>>> 여러분은 어떤 물건을 잃어버렸습니까?
여러분은 신용 카드나 지갑, 여권을 잃어버린 후에 어떻게 했습니까?

## 말해 봅시다

Ⅰ 친구는 무엇을 할 줄 압니까? 무엇을 할 줄 모릅니까? 친구에게 물어보십시오.

보기
가: 자전거를 탈 줄 알아요?
나: 네, 자전거를 탈 줄 알아요.
가: 프랑스어를 읽을 줄 알아요?
나: 아니요, 프랑스어를 읽을 줄 몰라요.

| | 나 | ( ) | ( ) | ( ) |
|---|---|---|---|---|
| 자전거를 타다 | | | | |
| 프랑스어를 읽다 | | | | |
| 혼자 지하철을 타다 | | | | |
| 한국 음식을 만들다 | | | | |
| 운전을 하다 | | | | |
| 외국어를 하다 | | | | |
| 악기를 연주하다 | | | | |
| 수영하다 | | | | |
| | | | | |
| | | | | |
| | | | | |

Ⅱ **보기** 와 같은 문제가 있는 사람들에게 '-는 게 어때요?'를 사용해서 이야기해 보십시오.

**보기**

운동을 하는 게 어때요?

______________________?

______________________?

1.

______________________?

______________________?

2.

______________________?

______________________?

3.

______________________?

______________________?

Ⅲ 여러분은 문제가 생기면 어떻게 합니까? 친구와 같이 문제를 해결하는 대화를 보기 와 같이 만들어 보십시오.

보기

✓ **문제: 지하철에서 지갑을 잃어버렸다.**

✓ **어떻게: 지갑을 가방에 넣었는데 없어졌다.**

✓ **해결 방법: 지하철역에 다시 가 보다.**

⇩

가: 지하철에서 지갑을 잃어버렸는데 어떻게 해야 해요?

나: 정말요? 어떻게 잃어버렸어요?

가: 지갑을 가방에 넣었는데 없어졌어요.

나: 지하철역에 다시 가 보는 게 어때요?

/ 지하철역에 다시 가 보는 게 좋겠어요.

1. ✓ 문제: 버스에서 여권을 잃어버렸다.

✓ 어떻게: 여권을 가방에 넣었는데 없어졌다.

✓ 해결 방법: 버스 회사에 전화하다.

/ 대사관에서 여권을 새로 만들다.

⇩

가: ______________________________.

나: ______________? ______________?

가: ______________________________.

나: ______________________________?

2. ✓ 문제: 도서관에서 가방과 휴대 전화를 잃어버렸다.

✓ 어떻게: 책상 위에 가방과 휴대 전화를 놓고 화장실에 갔다.

✓ 해결 방법: 도서관 분실물 센터에 전화하다.

/ 분실 신고를 하다.

⇩

가: ______________________________.

나: ______________? ______________?

가: ______________________________.

나: ______________________________?

3. ✓ 문제: ______________________________.

✓ 어떻게: ______________________________.

✓ 해결 방법: ______________________________.

/ ______________________________.

⇩

가: ______________________________.

나: ______________? ______________?

가: ______________________________.

나: ______________________________?

# 읽어 봅시다

여러분의 물건 중에서 고장 난 물건이 있습니까? 어떤 것이 잘 고장 납니까?
새로 산 물건이 고장 나면 여러분은 어떻게 합니까?

## I 다음을 읽고 질문에 답하십시오.

- Q & A : 휴대폰 화면을 볼 수 없어요.
- 이름 : 나타샤
- e-mail 주소 : nata@yahoo.ru

인터넷 쇼핑몰에서 휴대폰을 샀는데 고장이 났어요. 문자를 읽을 수 없고 화면도 안 보여요. 고장 난 지 일주일 되었어요. 그리고 어제부터는 전화를 받으면 소리가 안 들려요. 배터리는 괜찮은데 무슨 문제예요?

저는 이 휴대폰을 산 지 한 달쯤 됐는데 수리비를 내야 해요? 수리를 하면 수리비는 얼마쯤 돼요? 혹시 다른 휴대폰으로 교환할 수 있어요? 그리고 신촌 근처에 있는 제일 가까운 서비스 센터도 알려 주세요.

1. 이 글을 읽고 같으면 ○, 다르면 × 하십시오.

(1) 나타샤 씨의 휴대폰으로 문자를 볼 수 없습니다. ( )

(2) 나타샤 씨는 휴대폰을 산 지 일주일 됐습니다. ( )

(3) 일주일 전에는 나타샤 씨의 휴대폰으로 통화할 수 있었습니다. ( )

(4) 나타샤 씨 휴대폰의 배터리에 문제가 있습니다. ( )

(5) 나타샤 씨는 신촌 근처에서 이 휴대폰을 샀습니다. ( )

2. 다음 질문에 답하십시오.

(1) 나타샤 씨의 휴대폰은 어떻게 고장 났습니까?

(2) 나타샤 씨는 어느 서비스 센터에 가려고 합니까?

## Ⅱ 다음 이메일을 읽고 질문에 답하십시오.

CH 전자 마트 상담실

□ 이름 : 왕명
□ e-mail 주소 : wang@cau.ac.kr
□ 연락처 : 010 - 2467 - 3349
□ 제목 : 카메라를 고쳐 주세요

안녕하세요?
저는 흑석동에 살고 있는 왕명입니다.
2주일 전에 CH 전자의 디지털카메라를 샀는데 벌써 고장이 났어요.
이틀 전에 카메라로 사진을 찍은 후에 다시 사용하려고 하는데 고장이 났어요. 찍은 사진을 볼 수 없어요. 전원에는 불이 들어와요. 그러니까 전원에는 문제가 없어요.
저는 다음 주에 해외여행을 갈 거라서 카메라가 필요한데 어떻게 해요? 어떻게 하면 빨리 고칠 수 있어요? 제가 카메라를 가지고 가면 빨리 고칠 수 있어요? 이번 주말까지 꼭 고쳐야 하니까 연락 부탁드려요. 제가 전화를 안 받으면 이메일로 연락주세요. 안녕히 계세요.

1. 이 글을 읽고 같으면 ○, 다르면 × 하십시오.

(1) 왕명 씨는 새 카메라를 사용해 보지 않았습니다.

(2) 카메라로 사진을 보지 못합니다.

(3) 카메라 전원에 문제가 있습니다.

(4) 왕명 씨는 다음 주까지 카메라를 고쳐야 합니다.

(5) 왕명 씨는 다음 주에 여행을 갈 때 이 카메라를 사용하려고 합니다.

2. 다음 질문에 대답하십시오.

(1) 이 글은 왕명 씨가 어디에 보내는 이메일입니까?

(2) 카메라가 언제 고장 났습니까?

(3) 카메라가 어떻게 고장 났습니까?

(4) 왜 이 카메라를 이번 주말까지 고쳐야 합니까?

# 써 봅시다

고장난 물건에 대해서 쓰십시오.

| | |
|---|---|
| 1문단 | • 자기 소개 (인사, 이름) |
| 2문단 | • 언제, 어디에서, 무엇을 샀습니까? |
| 3문단 | • 그 물건에 무슨 문제가 있습니까? |
| | • 어떻게 하고 싶습니까? |
| 4문단 | • 서비스 센터에 부탁할 말 |

| ( | ) |
|---|---|
| 이름 | |
| E-mail 주소 | |
| 연락처 | |
| 제목 | |

5과

# 7호선을 타고 가다가 이수역에서 갈아타세요

# 배워 봅시다

## 교통

교통 카드

단말기

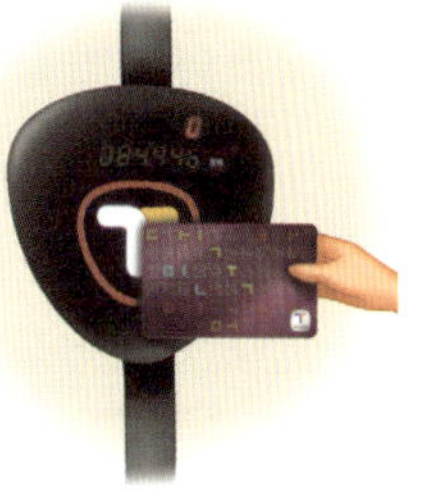

교통 카드를 단말기에 대다

교통 카드를 충전하다

출구

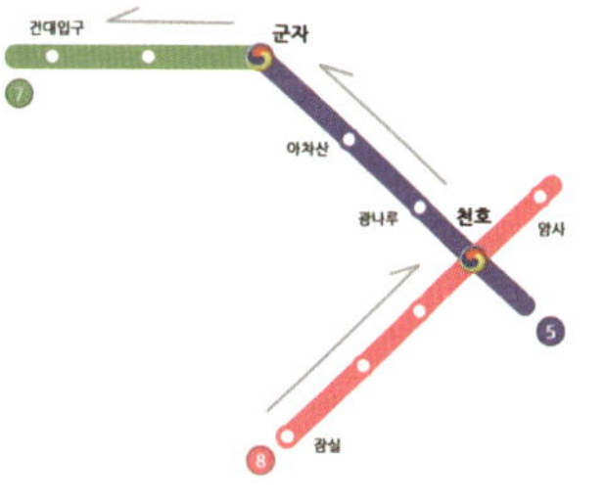


환승(하다)

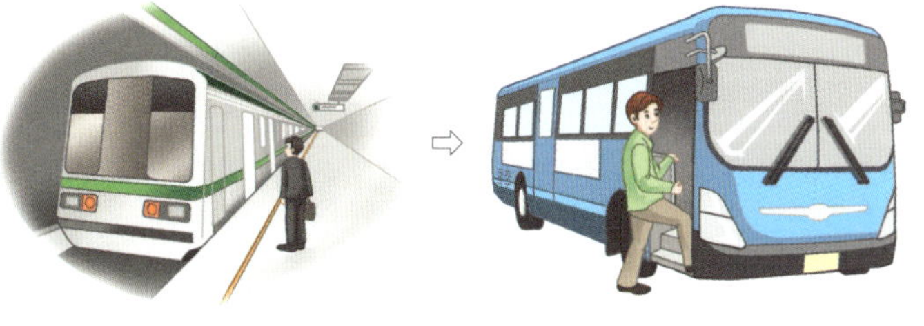

갈아타다

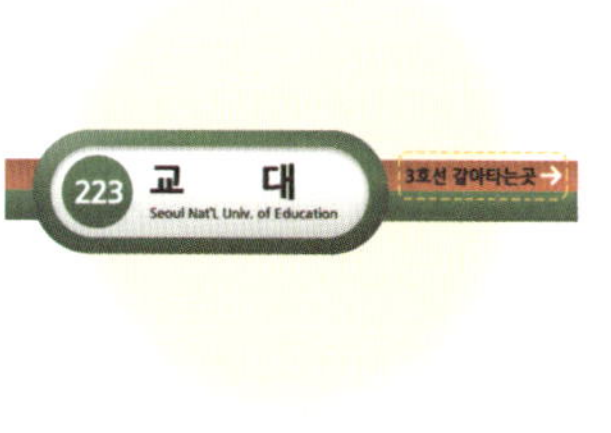


갈아타는 곳

잘못 타다

잘못 내리다

비행기 / 버스 / 지하철을 놓치다

## (아마) A/V-(으)ㄹ 거예요 // N일 거예요

가: 민호 씨가 요즘 바빠요?
나: 일이 많아서 바쁠 거예요.

가: 151번 버스가 명동에 가요?
나: 아마 명동에 갈 거예요.

가: 추석 때 백화점이 문을 열어요?
나: 아마 추석 때는 문을 열지 않을 거예요.

가: 왕명 씨가 시험을 잘 봤어요?
나: 공부를 열심히 했으니까 잘 봤을 거예요.

### 연습

(1) 가: 주나 씨, 수진 씨가 운전을 할 수 있어요?

나: 수진 씨는 아마 ______________________.

(2) 가: 학교에서 신촌까지 얼마나 걸려요?

나: 버스로 가면 30분 정도 ______________________.

(3) 가: 이 시간에 버스를 타면 길이 많이 막혀요?

나: 네, 퇴근 시간이니까 많이 ______________________.

(4) 가: 왕명 씨와 연락하기가 힘들어요. 무슨 일 있어요?

나: 요즘 왕명 씨가 유학 준비를 해서 ______________________.

(5) 가: 미도리 씨는 김치를 잘 먹어요?

나: 미도리 씨가 매운 음식을 못 먹으니까 ______________________.

## A/V-(으)ㄹ까요? // N일까요?

가: 이 옷이 나한테 맞을까요?
나: 한번 입어 보세요. 잘 맞을 거예요.

가: 등산을 가려고 하는데 내일 날씨가 추울까요?
나: 춥지 않을 거예요.

가: 그 영화가 재미있을까요?
나: 네, 제가 며칠 전에 봤는데 정말 재미있었어요.

가: 지난주에 내가 보낸 소포를 지연 씨가 받았을까요?
나: 3일 정도 걸리니까 아마 받았을 거예요.

### 연습

(1)

________________________________?

(2)

________________________________?

(3)

________________________________________?

(4)

________________________________________?

(5)

________________________________________?

| | |
|---|---|
| 제인 씨, 파티에 오다 | 이 영화, 무섭다 |
| 놀이공원, 재미있다 | 크리스마스, 눈이 오다 |
| 상자, 무엇, 있다 | |

## V-다가

가: 손을 왜 다쳤어요?
나: 요리를 하다가 다쳤어요.

가: 숙제를 다 했어요?
나: 아니요, 어제 음악을 듣다가 잠이 들었어요.

가: 마이클 씨, 정말 오랜만이에요. 그동안 어떻게 지냈어요?
나: 미국에서 살다가 얼마 전에 한국에 왔어요.

가: 준수 씨, 병원에 어떻게 가요?
나: 학교 정문에서 똑바로 가다가 사거리에서 오른쪽으로 가세요.

### 연습

(1) 

________________________.

(2) 

________________________.

(3) 

________________________.

(4) 

________________________.

(5) 

________________________.

## N 때문에 // A/V-기 때문에 // A/V-기 때문이에요

가: 에릭 씨가 왜 인기가 많아요?
나: 착하기 때문에 인기가 많아요.

가: 왜 이렇게 사람이 많아요?
나: 출근 시간이기 때문에 사람이 많아요.

가: 호앙 씨, 왜 점심을 안 먹어요?
나: 아침을 너무 많이 먹었기 때문이에요.

가: 민지 씨, 오늘 시간이 있으면 같이 영화를 보러 가요.
나: 제가 요즘 회사 일 때문에 너무 바빠서 시간이 없어요. 다음에 같이 보러 가요.

### 연습

(1)

가: 혜교 씨가 왜 인기가 많아요?
나: ______________________.

(2)

가: 왜 쇼핑을 안 해요?
나: ______________________.

(3)

가: 오늘은 왜 운동을 안 해요?
나: 어제 눈이 많이 ______________________.

(4)

가: 어제 왜 학교에 안 왔어요?
나: ______________________.

(5)

가: 리사 씨, 오늘 왜 지각했어요?
나: ______________________.

# 대화해 봅시다

**카일** 주영 씨, 저녁때 동대문 시장에 가려고 하는데 지하철이 빠를까요, 버스가 빠를까요?

**주영** 퇴근 시간에는 길이 막히기 때문에 지하철을 타는 게 빠를 거예요.

**카일** 그래요? 지하철을 타면 동대문 시장까지 한 번에 가요?

**주영** 아니요, 한 번 갈아타야 해요.

**카일** 그럼 상도역에서 어떻게 가야 해요?

**주영** 7호선을 타고 가다가 이수역에서 4호선으로 갈아타세요. 그리고 동대문 운동장역에서 내리세요.

**카일** 네, 고마워요.

1. 카일 씨는 어디에 가려고 합니까?

2. 왜 지하철을 타는 게 더 빠릅니까?

3. 어디에서 갈아타야 합니까?

# 들어 봅시다

>>> 여러분은 한국에서 지하철과 버스를 타 봤습니까? 지하철과 버스를 타고 어디에 갔습니까?
지하철이나 버스를 잘못 이용해서 놀란 경험이 있습니까? 어떻게 잘못 이용했습니까?
그래서 어떻게 했습니까?

## I 다음을 듣고 질문에 답하십시오.

1. 같으면 ○, 다르면 × 하십시오.

(1) 알렉스 씨는 오늘 늦게 일어나서 지각을 했습니다. (　　)

(2) 알렉스 씨는 숙제 때문에 잠을 못 잤습니다. (　　)

(3) 알렉스 씨와 줄리아 씨는 함께 명동에 갔습니다. (　　)

(4) 줄리아 씨는 버스 안에서 친구와 재미있는 이야기를 했습니다. (　　)

(5) 버스에서 안내 방송을 하지 않았습니다. (　　)

(6) 줄리아 씨는 버스를 잘못 타서 지하철로 갈아탔습니다. (　　)

2. 다음 질문에 답하십시오.

(1) 알렉스 씨는 오늘 왜 지각을 했습니까?

(2) 알렉스 씨는 왜 잠을 못 잤습니까?

(3) 줄리아 씨는 왜 지하철을 타지 않고 버스를 탔습니까?

(4) 줄리아 씨는 왜 명동에서 내리지 못했습니까?

(5) 줄리아 씨는 명동에 어떻게 갔습니까?

>>> 지하철이나 버스를 잘못 탄 경험이 있습니까? 옆 친구와 이야기해 보십시오.

## 말해 봅시다

**I** **보기** 와 같이 옆 친구에게 다른 친구에 대해 '-(으)ㄹ까요?'를 사용해서 이야기해 보십시오.

> **보기**
> **에릭** 제인 씨의 가방에 무엇이 있을까요?
> **유민** (제인 씨의 가방에) 책하고 지갑이 있을 거예요.

- ○○○ 씨의 가방에 무엇이 있을까요?
- ○○○ 씨의 지갑에 무엇이 있을까요?
- ○○○ 씨의 키가 몇 센티미터(cm)일까요?
- ○○○ 씨는 오늘 아침에 무엇을 먹었을까요?
- ○○○ 씨는 어제 몇 시에 잤을까요?
- ○○○ 씨는 주말에 어디에 갈까요?
- ○○○ 씨는 하루에 몇 시간 공부 / 컴퓨터 / 운동…… 을/를 할까요?
- ○○○ 씨는 10년 후에 어디에서 살까요?

**II** **보기** 와 같이 '-기 때문에'를 넣어 묻고 대답해 보십시오.

> **보기**
> 가: 왜 어제 결석했어요?
> 나: 감기에 걸렸기 때문에 결석했어요.

**가**

| | | |
|---|---|---|
| 어제, 결석했다 | 아까 전화를 안 받았다 | 오늘, 지각했다 |
| 오늘, 길이 막히다 | 요즘, 피곤하다 | 한국어를 잘한다 |
| 파티에 안 가다 | 김치를 잘 먹다 | 커피를 안 마시다 |

**나**

| | | |
|---|---|---|
| 감기에 걸렸다 | 휴대폰이 고장 났다 | 아침에 늦게 일어났다 |
| 주말이다 | 수업 후에 아르바이트를 하다 | |
| 매일 5시간 한국어를 공부하다 | | |
| 시간이 없다 | 매운 음식을 좋아하다 | 아까 많이 마셨다 |

# 읽어 봅시다

여러분 나라의 교통수단에는 어떤 것들이 있습니까? 그중에서 특별한 것이 있습니까?

## I 다음을 읽고 질문에 답하십시오.

여러분, 시티 투어 버스를 아십니까? 세계의 관광 도시에서 볼 수 있는 시티 투어 버스가 서울에도 있습니다. 버스가 가는 곳은 서울의 인기 있는 관광지와 쇼핑지입니다. 경복궁, N서울 타워, 인사동, 대학로, 남대문, 동대문, 명동……. 시티 투어 버스로 여기에 다 갈 수 있습니다.

시티 투어 버스는 광화문을 출발한 후에 다시 광화문으로 돌아옵니다. 시티 투어 버스는 1층 버스와 2층 버스가 있습니다. 1층 버스는 오전 9시부터 오후 7시까지 30분마다, 2층 버스는 오전 10시부터 오후 5시까지 1시간마다 있습니다. 시티 투어 버스를 타고 가다가 내리고 싶은 관광지에서 내린 후에 관광을 합니다. 그곳에서 관광을 다 한 후에는 그 다음 시티 투어 버스를 타고 다시 관광을 계속할 수 있습니다. 또 시티 투어 버스는 관광지에 대해서 한국어, 영어, 일어, 중국어로 소개해 줍니다.

시티 투어 버스의 1일 이용권을 한 번 사면 그날 하루 모든 곳을 다 관광할 수 있습니다. 표 가격은 외국의 시티 투어 버스 가격보다 훨씬 쌉니다. 시티 투어 버스표 한 장이 있으면 서울 관광을 다 할 수 있습니다! 또 이 표가 있으면 그날 하루는 박물관, 전시관, 공연장에 무료로 입장하거나 할인을 받을 수 있습니다.

외국인 관광객, 시골에서 서울 구경하러 오신 부모님, 서울을 알고 싶은 학생들은 서울 시티 투어 버스를 이용해 보세요.

관광 도시 / 관광지 / 쇼핑지 / 계속하다 / 이용권 / 전시관 / 공연장 / 입장하다

1. 이 글을 읽고 같으면 ○, 다르면 × 하십시오.

(1) 시티 투어 버스표 한 장으로 버스를 한 번만 탈 수 있습니다. ( )

(2) 시티 투어 버스에서 한국어로는 안내 방송을 하지 않습니다. ( )

(3) 표 가격은 외국의 시티 투어 버스보다 조금 비쌉니다. ( )

(4) 서울 시티 투어 버스는 외국인이나 한국인이나 다 이용할 수 있습니다. ( )

(5) 다른 나라에도 시티 투어 버스가 있습니다. ( )

(6) 6시에는 2층 시티 투어 버스를 탈 수 없습니다. ( )

2. 다음 중 서울 시티 투어 버스로 갈 수 없는 곳은 어디입니까?

(1) 경복궁 (2) 인사동 (3) 대학로 (4) 서울대학교

3. 서울 시티 투어 버스의 출발지와 도착지를 쓰십시오.

출발지 ( ) 도착지 ( )

4. 시티 투어 버스는 어떤 사람들이 이용하면 좋습니까?

>>> 여러분 나라에 어떤 교통수단이 생기면 좋겠습니까?

## 써 봅시다

여러분 나라의 교통수단에 대해서 쓰십시오.

| | |
|---|---|
| 1문단 | • 여러분 나라에는 어떤 교통수단이 있습니까? |
| 2문단 | • 사람들은 언제 그 교통수단을 이용합니까? |
| | • 여러분은 어떤 교통수단을 자주 이용합니까? 이유가 무엇입니까? |
| 3문단 | • 그 교통수단의 장점은 무엇입니까? 단점은 무엇입니까? |
| 4문단 | • 그 교통수단에 대해서 희망하는 점은 무엇입니까? (~았/었으면 좋겠다) |

100

200

300

6과

# 통장을 만드는 데 시간이 얼마나 걸려요?

# 배워 봅시다

## 공공 기관

번호를 뽑다

줄을 서다

현금 자동 인출기

비밀번호

대출하다

반납하다

연장하다

연체료

소포

포장하다

## V-아/어도 되다

가: 이 컴퓨터를 써도 돼요?
나: 네, 써도 돼요.

가: 선생님, 화장실에 가도 돼요?
나: 네, 다녀오세요.

가: 도서관에 가방을 가지고 들어가도 돼요?
나: 네, 가지고 들어가도 돼요.

가: 기숙사에서 요리해도 돼요?
나: 아니요, 밥은 학생 식당에서 먹어야 해요.

### 연습

(1) 가: 식당에서 카드로 계산해도 돼요?

나: 네, ________________.

(2) 가: 이 자리에 앉아도 돼요?

나: 네, ________________.

(3) 가: 수업 시간에 사전을 사용해도 돼요?

나: 네, ________________.

(4) 가: 밤늦게 전화해도 돼요?

나: 네, ________________.

(5) 가: 약을 지금 먹어도 돼요?

나: 네, ________________.

## V-(으)면 안 되다

가: 여기에 주차하면 안 돼요.
나: 몰랐어요. 죄송합니다.

가: 극장에 애완동물을 데리고 가도 돼요?
나: 아니요, 애완동물을 데리고 가면 안 돼요.

가: 여기에서 사진을 찍어도 돼요?
나: 아니요, 여기에서 사진을 찍으면 안 돼요.

가: 여보세요?
나: 에릭 씨, 수업 시간에 전화를 받으면 안 돼요.

### 연습

(1)

전화하다

도서관에서 ________________.

(2)

뛰다

계단에서 ________________.

(3)

사진을 찍다

박물관에서 ________________.

(4)

신발을 신다

집에서 ________________.

(5)

피아노를 치다

밤에 ________________.

## V-는 데 걸리다 / 들다

가: 집에서 학교가 멀어요?
나: 학교 가는 데 1시간 반 걸려요.

가: 통장을 만드는 데 시간이 얼마나 걸려요?
나: 오래 걸리지 않아요. 5분쯤 걸려요.

가: 이 휴대 전화를 고치는 데 돈이 얼마나 들어요?
나: 2만 원이 들어요.

가: 일본에서 일주일 여행하는 데 돈이 많이 들었어요?
나: 네, 생각보다 많이 들었어요.

### 연습

(1)

가: 요리를 하는 데 시간이 얼마나 걸려요?

나: ______________________________.

(2)

가: ______________________________?

나: ______________________________.

(3)

가: ______________________________?

나: ______________________________.

(4)

가: ______________________________?

나: ______________________________.

(5)

가: ______________________________?

나: ______________________________.

## N(이)나 ②

가: 한국어 공부를 얼마나 했어요?
나: 한국어 공부를 2년이나 했어요.

가: 숙제하는 데 3시간이 걸렸어요.
나: 3시간이나 걸렸어요? 숙제가 많았군요.

가: 저는 한 달에 용돈으로 100만 원을 받아요.
나: 100만 원이나 받아요?

가: 같이 점심 먹으러 갈까요?
나: 아침에 밥을 두 그릇이나 먹어서 배가 고프지 않아요.

### 연습

(1) 

가: 아침에 운동을 오래 했어요?

나: 네, ______________________.

(2) 

가: 한국말을 잘하는데 한국에서 오래 살았어요?

나: 네, ______________________.

(3) 

가: 생일 파티에 친구가 많이 왔어요?

나: 네, ______________________.

(4) 

가: 생일에 남자 친구한테서 꽃을 받았군요!

나: 네, ______________________.

(5) 

가: 가방이 ______________________?

나: 네, 제 취미가 가방 모으기예요.

## 대화해 봅시다

**다 니 엘** 통장을 만들려고 왔어요. 통장을 만드는 데 시간이 얼마나 걸려요?

**은행 안내원** 통장을 만드는 데 5분 정도 걸려요.

**다 니 엘** 아, 그런데 지금은 오전이라서 사람이 많군요.
사람이 이렇게 많으면 보통 얼마나 기다려야 해요?

**은행 안내원** 보통 1시간 정도 기다려야 해요.

**다 니 엘** 1시간이나요?

(1시간 후)

**은 행 원** 어서 오세요. 무엇을 도와 드릴까요?

**다 니 엘** 통장을 만들려고 왔어요.

**은 행 원** 그럼 신분증을 주세요.

**다 니 엘** 여권을 드려도 돼요?

**은 행 원** 네, 괜찮아요. 그리고 여기에 비밀번호를 눌러 주세요.
그런데 생일이나 전화번호를 비밀번호로 쓰면 안 돼요.

1. 다니엘 씨는 어디에 갔습니까?

2. 다니엘 씨는 무엇을 하려고 합니까?

3. 생일이나 전화번호를 비밀번호로 써도 됩니까?

## 들어 봅시다

우체국에 가 봤습니까? 무엇을 하러 갔습니까?
우체국에서 편지나 소포를 보낼 때 어떻게 합니까?
무엇을 하면 안 됩니까?

### I 다음을 듣고 질문에 답하십시오.

1. 같으면 ○, 다르면 × 하십시오.

(1) 남자는 프랑스로 소포를 보내려고 합니다. ( )

(2) 파란색 펜으로 주소를 써도 됩니다. ( )

(3) 소포를 보낼 때 상자 안에 편지를 넣어도 됩니다. ( )

(4) 소포는 한 달 후에 도착할 겁니다. ( )

(5) 남자는 처음에 소포를 배로 보내려고 했습니다. ( )

(6) 소포를 비행기로 보내면 도착하는 데 일주일쯤 걸립니다. ( )

2. 다음 질문에 답하십시오.

(1) 남자가 프랑스에 보내려고 하는 것은 무엇입니까?

(2) 소포를 배로 보내면 시간이 얼마나 걸립니까?

(3) 소포를 배로 보내는 것과 비행기로 보내는 것, 어느 것이 더 빠릅니까? 얼마나 걸립니까?

(4) 소포를 보낸 때 무엇을 하면 안 됩니까?

(5) 소포를 보내는 순서를 써 보세요.

______ ⇨ ______ ⇨ ______

>>> 우체국에 갔습니다. 무엇을 보내고 싶습니까?
한 사람은 손님, 다른 사람은 우체국 직원이 되어 역할극을 해 보십시오.

## 말해 봅시다

I 다음 장소에서 '해도 되는 것'과 '하면 안 되는 것'에 대해서 이야기해 보십시오.

보기
가: 극장에서 영화를 볼 때 사진을 찍어도 돼요?
나: 아니요, 사진을 찍으면 안 돼요.

| 〈극장〉 | 〈박물관〉 |
|---|---|
| 사진을 찍다<br>음식을 먹다<br>담배를 피우다<br>음료수를 마시다<br>전화를 하다 | 큰 소리로 이야기하다<br>사진을 찍다<br>작품을 만지다<br>전화 통화를 하다<br>담배를 피우다<br>뛰다 |
| 〈도서관〉 | 〈기숙사 / 하숙집〉 |
| 큰 소리로 이야기하다<br>요리하다<br>이어폰으로 음악을 듣다<br>담배를 피우다<br>문자를 보내다<br>음식을 먹다<br>껌을 씹다 | 친구와 이야기하다<br>밤에 늦게 들어가다<br>게임하다<br>새벽에 샤워하다<br>전화를 하다 |
| 〈지하철〉 | 〈비행기〉 |
| 신문을 보다<br>큰 소리로 떠들다<br>게임을 하다<br>술을 마시다<br>잠을 자다<br>담배를 피우다 | 노트북으로 인터넷을 하다<br>담배를 피우다<br>휴대폰을 하다<br>사진을 찍다<br>양말을 벗다<br>잠을 자다 |

Ⅱ 다음은 우체국 직원과 손님의 대화입니다. 보기 와 같이 대화를 연습하고 발표해 보십시오.

보기

| | |
|---|---|
| **직원** | 어서 오세요. 무엇을 도와 드릴까요? |
| **손님** | 소포를 보내고 싶어요. |
| **직원** | 어디로 보낼 거예요? |
| **손님** | 중국으로 보낼 거예요. 배로 보내면 언제 도착해요? |
| **직원** | 도착하는 데 한 달 걸려요. |
| **손님** | 도착하는 데 한 달이나 걸려요? 그럼 비행기로 보내면 언제 도착해요? |
| **직원** | 도착하는 데 사흘 걸려요. |
| **손님** | 돈은 얼마나 들어요? |
| **직원** | 비행기로 보내는 데 24,000원 들어요. |
| **손님** | 그럼 비행기로 보내 주세요. |
| **직원** | 이 종이에 주소와 전화번호를 써 주세요. |
| **손님** | 집 전화번호도 써요? |
| **직원** | 집 전화번호는 안 써도 돼요. 하지만 휴대 전화번호는 꼭 써야 해요. |
| **손님** | 네, 알겠습니다. |

| < 어디로 보내요? > | < 얼마나 걸려요? > | < 얼마나 들어요? > |
|---|---|---|
| 몽골, 미국, 일본, 케냐, 프랑스, 베트남 | 하루, 이틀, 사흘, 일주일, 한 달 …… | 15,000원, 20,000원, 33,000원 |

# 읽어 봅시다

여러분은 출입국 관리 사무소에 얼마나 자주 갑니까? 무엇을 하러 갑니까?
출입국 관리 사무소에 갈 때 어떤 서류가 필요합니까?

## I 다음을 읽고 질문에 답하십시오.

왕명 씨는 지난주 금요일에 비자를 연장하려고 출입국 관리 사무소에 갔습니다. 출입국 관리 사무소에 가기 전에 미리 인터넷 예약을 했습니다. 홈페이지에서 예약을 한 후에 접수증을 뽑았습니다. 필요한 서류도 모두 준비했습니다. 이번에 처음 비자를 연장하기 때문에 조금 걱정이 되었습니다.

왕명 씨는 아침 일찍 일어났습니다. 예약 시간보다 늦게 가면 안 되기 때문입니다. 예약 시간은 10시인데 9시 20분에 출입국 관리 사무소에 도착했습니다. 시간이 40분이나 남아서 신청서를 쓰고 조금 기다렸습니다. 출입국 관리 사무소에는 사람이 많았지만 예약을 했기 때문에 시간이 오래 걸리지 않았습니다.

왕명 씨의 순서가 되었습니다. 왕명 씨는 직원에게 접수증을 냈습니다.

"여권하고 서류를 주세요." 직원이 말했습니다.

왕명 씨는 여권, 재학 증명서, 외국인 등록증, 잔고 증명서와 임대 계약서를 직원에게 주었습니다. 직원은 왕명 씨가 준비한 서류를 본 후에 말했습니다.

"신청서에 서명을 해 주세요."

왕명 씨는 서명을 하고 직원에게 물었습니다.

"여권하고 외국인 등록증을 언제 받을 수 있어요?"

"지금 바로 비자를 연장할 수 있으니까 기다리세요." 직원이 말했습니다.

잠시 후 직원은 왕명 씨에게 여권과 외국인 등록증을 주었습니다.

왕명 씨는 아침 일찍 일어나서 조금 피곤했습니다. 하지만 오래 기다리지 않고 비자를 연장해서 기분이 좋았습니다.

미리 / 접수증 / 걱정이 되다 / 신청서 / 순서 / 재학 증명서 / 잔고 증명서 / 임대 계약서

1. 이 글을 읽고 같으면 ○, 다르면 × 하십시오.

(1) 왕명 씨는 비자를 연장해 봤습니다. ( )

(2) 왕명 씨는 예약 시간보다 조금 늦게 도착했습니다. ( )

(3) 왕명 씨는 도착해서 접수증을 뽑고 기다렸습니다. ( )

(4) 출입국 관리 사무소에는 사람이 많지 않았습니다. ( )

(5) 왕명 씨는 아침 일찍 일어났는데 피곤하지 않았습니다. ( )

(6) 왕명 씨는 여권과 외국인 등록증을 받으러 다시 가야 합니다. ( )

2. 다음 질문에 답하십시오.

(1) 왕명 씨는 무엇을 하려고 출입국 관리 사무소에 갔습니까?

(2) 출입국 관리 사무소에 가기 전에 무엇을 준비했습니까?

(3) 왕명 씨는 왜 걱정이 되었습니까?

(4) 왕명 씨는 왜 아침 일찍 일어났습니까?

(5) 왕명 씨는 기다리는 동안 무엇을 했습니까?

(6) 직원은 왕명 씨가 준 서류를 본 후에 어떻게 말했습니까?

(7) 왕명 씨는 무엇 때문에 기분이 좋았습니까?

## 써 봅시다

한국에서 공공장소를 이용한 경험에 대해서 쓰십시오.

| | |
|---|---|
| 1문단 | • 한국에서 공공장소에 가 봤습니까? 어디에 가 봤습니까? |
| 2문단 | • 언제, 무슨 일 때문에 갔습니까? |
| 3문단 | • 그곳에서 무엇을 했습니까? 무슨 일이 있었습니까? |
| 4문단 | • 그곳에서 해도 되는 일과 하면 안 되는 일은 무엇입니까? |

7과

# 좀 비싼 것 같아요

# 배워 봅시다

## 물건 구입

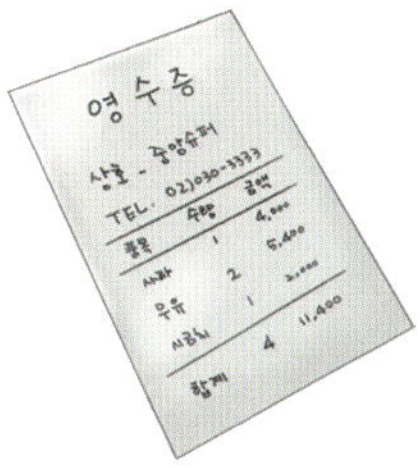

영수증

모델

깎다

돈을 내다

바꾸다 / 교환(하다)

구입(하다)

판매(하다)

인터넷 쇼핑

홈쇼핑 / 주문(하다)

택배

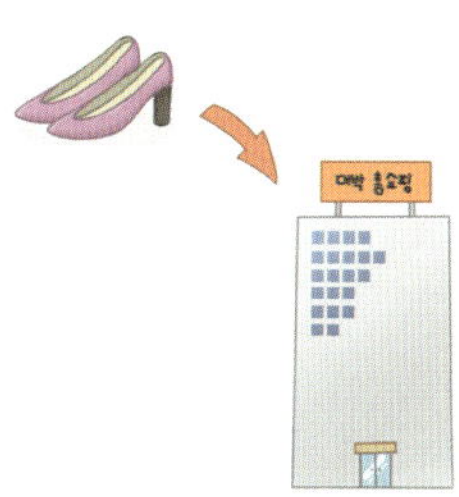

반품(하다)

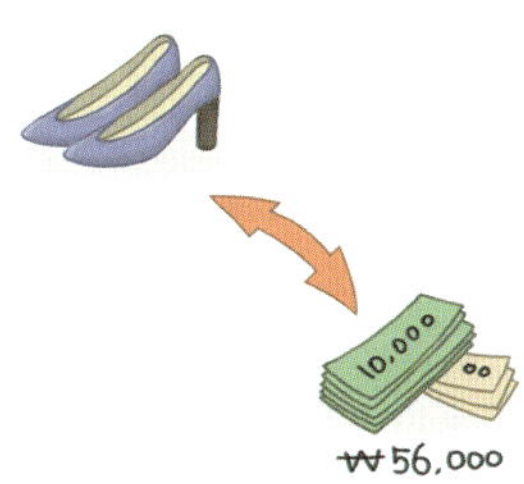


환불(하다)

## A-(으)ㄴ 것 같다 // N인 것 같다

가: 오늘 날씨가 어때요?
나: 좀 추운 것 같으니까 외투를 입으세요.

가: 수미 씨가 왜 학교에 안 왔어요?
나: 아픈 것 같아요. 어제부터 기침을 많이 했어요.

가: 수미 씨는 요즘 매일 백화점에서 쇼핑을 해요.
나: 돈이 많은 것 같아요. 부모님이 부자인 것 같아요.

가: 요즘 왕명 씨를 만날 수 없어요.
나: 왕명 씨가 요즘 아르바이트를 해요. 바쁜 것 같아요.

### 연습

(1) 가: 왜 오늘 민호 씨가 학교에 안 왔어요?

나: 많이 ______________ 같아요. 아침에 저한테 전화를 했어요.

(2) 가: 왕명 씨하고 왕신 씨하고 형제예요. 알고 있었어요?

나: 그래요? 그런데 성격은 많이 ______________.

(3) 가: 손님, 이 치마가 어때요?

나: 조금 ______________ 같아요. 좀 짧은 치마 없어요?

(4) 가: 오늘 수미 씨가 기분이 ______________ 같아요.

나: 네, 시험에서 100점을 받았어요.

(5) 가: 한국말 배우기가 어때요?

나: 단어도 많고 문법도 많고. 생각보다 ______________ 같아요.

좋다 길다 다르다 어렵다 아프다

## V-는 것 같다

가: 왕명 씨가 지금 공부하고 있어요?
나: 아니요, 자는 것 같아요. 방이 어두워요.

가: 요즘 마이클 씨가 제인 씨를 자주 만나요.
나: 맞아요. 저도 많이 봤어요. 두 사람이 사귀는 것 같아요.

가: 수미 씨가 어디에 있어요?
나: 부엌에 있어요. 지금 음식을 만드는 것 같아요.

가: 누가 사진을 잘 찍어요?
나: 왕명 씨가 잘 찍는 것 같아요. 대학교 때 사진을 배웠어요.

### 연습

(1) 가: 왕명 씨는 누구하고 같이 살아요?

나: 혼자 ______________________.

(2) 가: 왜 이렇게 밖이 어두워요?

나: 지금 비가 ______________________.

(3) 가: 민호 씨는 왜 구두를 반품해요?

나: ______________________.

(4) 가: 민수 씨는 저녁마다 왜 공원에 가요?

나: 건강해지려고 날마다 ______________________.

(5) 가: 몇 번 버스가 서울역에 가요?

나: 151번이 ______________________-(으)ㄴ/는데 확실하지 않아요.

| 가다 | 살다 | 걷다 | 오다 | 마음에 안 들다 |
|---|---|---|---|---|

## N(으)로

가: 무엇을 도와드릴까요?
나: 달러를 한국 돈으로 바꿔 주세요.

가: 이 빨간색 옷이 저에게 잘 안 어울려요.
나: 그래요? 그럼 다른 색으로 교환하세요.

가: 왕명 씨는 무슨 일을 해요?
나: 왕명 씨는 번역가예요. 한국 소설을 중국어로 번역해요.

가: 명동까지 어떻게 가요?
나: 163번 버스를 타고 가다가 지하철 4호선으로 갈아타세요.

### 연습

(1) 
갈아타다

지하철에서 ______________________.

(2) 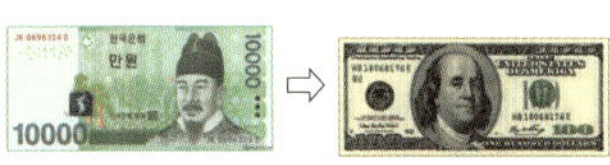
환전하다

한국 돈을 ______________________.

(3) 
바꾸다

1,000원을 ______________________.

(4) 
교환하다

치마를 ______________________.

(5) 

번역하다

일본어를 ______________________.

## N짜리

가: 커피를 마시고 싶은데, 100원짜리 있어요?
나: 1,000원짜리는 있는데 100원짜리는 없어요.

가: 60만 원을 어떻게 드릴까요?
나: 100,000원짜리 수표 다섯 장하고 10,000원짜리 열 장 주세요.

가: 국제 전화 카드 하나 주세요.
나: 10,000원짜리 드릴까요, 20,000원짜리 드릴까요?

가: 와! 옷이 멋있어요.
나: 그래요? 100,000원짜리인데 20% 세일해서 80,000원에 샀어요.

### 연습

(1)

______ 수표 ______ 지폐 ______ 동전 ______ 동전

(2)

______ 구두

(3)

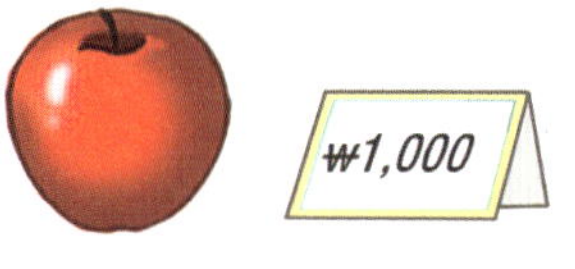


______ 사과

(4)

______ 콜라

(5)

______ 쌀

## N만

가: 동전 있어요?
나: 없어요. 지폐만 있어요.

가: 외국어를 몇 개 할 수 있어요?
나: 한국어만 할 수 있어요.

가: 슈퍼에서 꽃을 팔아요?
나: 아니요, 꽃집에서만 꽃을 팔아요.

가: 이 삼겹살이 정말 맛있어요. 드셔 보세요.
나: 저는 돼지고기를 안 먹어요. 소고기만 먹어요.

### 연습

다음의 사람들은 어떻습니까? 다음 그림을 보고 '만'을 넣어서 문장을 쓰십시오.

| | |
|---|---|
| <br>선생님 | • 선생님만 안경을 썼어요.<br>•<br>• |
| <br>아키코 | •<br>•<br>• |
| <br>스미스 | •<br>•<br>• |
| <br>마이클 | •<br>•<br>• |
| <br>수진 | •<br>•<br>• |

## 대화해 봅시다

| | |
|---|---|
| **주인** | 어서 오세요. 뭘 찾으세요? |
| **손님** | 지난주에 휴대폰을 샀는데 화면의 글씨가 잘 안 보여요. |
| **주인** | 그러면 어떻게 해 드릴까요? 교환을 해 드릴까요, 환불을 해 드릴까요? |
| **손님** | 다른 것으로 교환하고 싶어요. 이것으로 바꿀 수 있어요? |
| **주인** | 이건 300,000원짜리라서 손님이 50,000원을 더 내셔야 해요. |
| **손님** | 좀 비싼 것 같아요. 깎아 주세요. |
| **주인** | 그럼 40,000원만 더 내세요. |
| **손님** | 네, 알겠어요. 감사합니다. |

1. 손님이 지난주에 산 휴대폰은 무엇이 문제입니까?

2. 손님이 지난주에 산 휴대폰은 얼마입니까?

3. 손님은 교환을 했습니까, 환불을 했습니까?

# 들어 봅시다

인터넷 쇼핑이나 홈쇼핑을 해 보았습니까? 무엇을 샀습니까?
인터넷 쇼핑이나 홈쇼핑에서 물건을 교환, 반품해 보았습니까?

## I 다음을 듣고 질문에 답하십시오.

1. 같으면 ○, 다르면 × 하십시오.

(1) 유민 씨는 어제 인터넷 쇼핑몰에서 가방을 주문했습니다. ( )

(2) 유민 씨가 주문한 가방과 받은 가방의 색깔이 다릅니다. ( )

(3) 유민 씨는 가방을 반품할 겁니다. ( )

(4) 반품하는 사람은 보통 배송료를 내지 않습니다. ( )

(5) 택배 회사 직원은 내일 오전에 유민 씨 집을 방문할 겁니다. ( )

2. 다음 질문에 답하십시오.

(1) 유민 씨는 언제 물건을 주문했습니까?

(2) 유민 씨는 주문한 물건을 언제 받았습니까?

(3) 유민 씨는 왜 물건을 반품하려고 합니까?

(4) 유민 씨는 어떻게 반품해야 합니까?

(5) 언제 중앙 쇼핑몰에서 배송료를 냅니까?

(6) 택배 회사 직원은 왜 오늘 방문할 수 없습니까?

>>> 손님이 인터넷에서 물건을 샀습니다. 그런데 물건이 마음에 들지 않습니다. 물건을 바꾸고 싶어서 인터넷 쇼핑몰에 전화를 합니다. 두 사람 중 한 사람은 손님이 되고 한 사람은 쇼핑몰 직원이 되어 역할극을 해 보십시오.

## 말해 봅시다

I 여기는 영미 씨의 방입니다. 그림을 보고 '-(으)ㄴ/는 것 같다'로 말해 보십시오.

| | |
|---|---|
| ○ 한국어 | ○ 다이어트 |
| ○ 음악 | ○ 라면 |
| ○ 남자 친구 | ○ 신발 |
| ○ 바지 | ○ 운동 |

Ⅱ 다음의 상황에서 한 사람은 손님이 되고 한 사람은 주인이 되어 이야기해 보십시오.

보기

가: 어서 오세요. 무엇을 도와 드릴까요?
나: 제가 일주일 전에 여기에서 노트북을 하나 샀어요.
그런데 돈으로 환불하고 싶어요.
가: 노트북이 마음에 안 들어요?
나: 아니요, 마음에 들어요. 하지만 여기가 비싼 것 같아요.
저는 90만 원에 샀는데 친구는 똑같은 노트북을 80만 원에 샀어요.

1.

- 구입 물건: 노트북
- 구입 날짜: 일주일 전
- 구입 장소: 용산 전자 상가
- 문　　제: 친구가 똑같은 것을 다른 가게에서 80만 원에 샀어요. 그래서 환불하고 싶어요.

2.

- 구입 물건: 가방
- 구입 날짜: 3일 전
- 구입 장소: 동대문 시장
- 문　　제: 가방이 작아요. 가방에 큰 책이 안 들어가요. 그리고 끈이 짧아서 어깨에 멜 수 없어요. 그래서 교환하고 싶어요.

3.

- 구입 물건: 스웨터
- 구입 날짜: 5일 전
- 구입 장소: 백화점
- 문　　제: 저와 안 어울려요. 집에 와서 입어 봤는데 색깔이 저와 어울리지 않아요. 그래서 교환하고 싶어요.

# 읽어 봅시다

인터넷 쇼핑에서 물건을 구입한 적이 있습니까? 물건을 구입할 때 어떻게 구입합니까?
물건을 구입한 후 그 물건에 만족합니까? 만족하지 않은 것은 무엇입니까?

## I 다음을 읽고 질문에 답하십시오.

### 신제품! "KS 자전거"

- 판매가: ~~106,500원~~ ⇨ 98,000원
  (할인: 8,500원)
- 사은품: 자전거 자물쇠(10mm)
- 배송료: 6,000원

요즘 기분이 좋지 않으십니까? 재미있는 일이 없습니까? 여행한 지 오래되었습니까? 그러면 자전거 여행을 해 보세요. 먼 곳에 가지 않아도 됩니다. 돈이 필요 없습니다. 자전거 한 대만 있으면 오케이! 가족이나 친구들과 함께 자전거를 타고 가까운 곳으로 가 보세요. 자전거 여행을 하면 기분이 좋아집니다! 행복해집니다!

요즘 살이 찌십니까? 건강이 안 좋으십니까? 운동을 하고 싶은데 바빠서 운동할 시간도 없으십니까? 그렇지만 운동은 해야 합니까? 그러면 학교에 갈 때, 회사에 갈 때, 슈퍼에 갈 때 자전거를 이용해 보세요. 돈이 들지 않습니다. 건강해집니다! 날씬해집니다! 한 달만 자전거를 타 보세요. 한 달 후 아줌마는 아가씨의 몸으로, 아저씨는 청년의 몸으로 변합니다!

저희 회사의 자전거는 튼튼합니다. 그렇지만 무겁지 않습니다. 가볍습니다. 그리고 편리합니다. 자전거를 가지고 차에 타야 합니까? 16.3kg짜리 자전거를 반으로 접을 수 있습니다. 저희 회사의 자전거는 여러분께 행복과 건강을 드릴 겁니다. 지금 빨리 주문하세요!

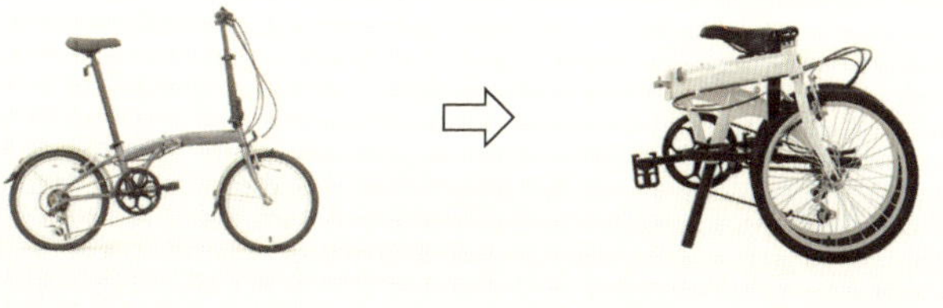

- 배송은 결제 후 2~3일 걸립니다.
- 교환/환불은 물건을 받은 후 7일 안에 가능합니다.
- 고객 센터: 031)712-1982 팩스: 031)712-1983
- 상담 시간: 평일 오전 10시~오후 6시, 토요일 오전 10시~오후 3시

판매가 / 할인 / 사은품 / 청년 / 변하다 / 튼튼하다 / 접다 / 결제 / 가능하다

1. 이 글을 읽고 같으면 ○, 다르면 × 하십시오.

(1) 이 자전거는 할인하기 전에 106,500원짜리였습니다. (　　)

(2) 이 자전거를 사면 자전거 자물쇠를 사은품으로 줍니다. (　　)

(3) 이 회사에서는 자전거와 자물쇠를 판매합니다. (　　)

(4) 자전거를 주문한 후 다음 날 물건을 받을 수 있습니다. (　　)

(5) 물건을 받은 후에 일주일이 지나면 환불할 수 없습니다. (　　)

(6) 주말에는 이 회사의 상담 직원과 통화할 수 없습니다. (　　)

2. 다음 질문에 답하십시오.

(1) 인터넷으로 이 자전거를 구입할 때 돈이 얼마 듭니까?

(2) 자전거를 사면 사은품으로 무엇을 줍니까?

(3) 자전거를 타면 무엇이 좋습니까?

(4) 물건은 언제까지 교환이나 환불을 할 수 있습니까?

(5) 자전거를 어떻게 차에 가지고 탈 수 있습니까?

## 써 봅시다

인터넷 쇼핑몰에서 팔고 싶은 물건에 대해 쓰십시오.

| | |
|---|---|
| 1문단 | • 인터넷 쇼핑몰에서 물건을 팔면 무엇을 팔고 싶습니까? |
| 2문단 | • 그 물건을 얼마에 팔겠습니까? 사은품은 무엇입니까? |
| | • 배송료나 환불, 교환은 어떻습니까? |
| 3문단 | • 그 물건은 언제 필요합니까? 언제 사용하면 좋습니까? |
| 4문단 | • 그 물건의 특징은 무엇입니까? 다른 회사의 물건보다 어떤 점이 더 좋습니까? |

제목:

판매가:

사은품:

배송료:

8과

# 방을 예약하려고 합니다

# 배워 봅시다

## 여행

단체 여행

자유 여행

패키지 여행

수학여행

신혼여행

## 여행 준비

계획을 세우다

예약하다

(예약을) 확인하다

(예약을) 취소하다

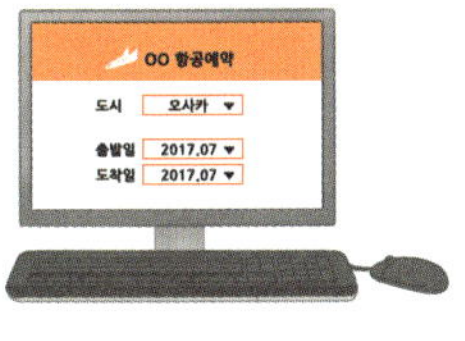


예매하다

표를 사다

숙박하다

## 숙박 시설

호텔

모텔

여관

민박

펜션

콘도

침대방

온돌방

전망

## V-(으)ㄴ 것 같다

가: 준호 씨가 아직 안 일어났어요?
나: 네, 어제 영화 보고 늦게 잔 것 같아요.

가: 수업이 끝났어요?
나: 아직 안 끝난 것 같아요. 학생들이 교실에 있어요.

가: 김 선생님이 결혼을 하셨어요?
나: 결혼하시지 않은 것 같아요. 손에 반지를 안 끼셨어요.

가: 어제 수영 씨가 몸이 안 좋은 것 같았어요. 수영 씨가 약을 먹었어요?
나: 네, 먹은 것 같아요. 수영 씨가 어제보다 많이 좋아진 것 같아요.

### 연습

(1) 수영 씨가 여행을 ______________________.

지난 주말부터 집에 없어요.

(2) 이 과자는 유민 씨가 ______________________.

지난 학기에도 유민 씨가 과자를 만들었어요.

(3) 진진 씨가 아침을 ______________________.

점심 때 많이 먹었어요.

(4) 토니 씨가 어젯밤에 음악을 ______________________.

책상에 시디(CD)가 많이 있었어요.

(5) 왕명 씨가 여자 친구한테서 이메일을 ______________________.

기분이 좋아요.

받다　　듣다　　가다　　만들다　　먹지 않다

## A/V-(으)ㄹ 것 같다

가: 이 영화가 재미있을까요?
나: 재미없을 것 같아요. 사람이 별로 없어요.

가: 오늘 왜 버스를 타지 않고 지하철을 탔어요?
나: 길이 막힐 것 같아서 지하철을 탔어요.

가: 날씨가 흐려요.
나: 곧 비가 올 것 같아요. 우산을 가지고 가세요.

가: 오늘 민수 씨가 파티에 올까요?
나: 내일 중요한 시험이 있어서 오늘 안 올 것 같아요.

### 연습

(1) 바람이 많이 불어서 ______________________.
따뜻한 옷을 입으세요.

(2) 토요일에는 극장에 표가 ______________________.
예매합시다.

(3) 제나 씨와 피터 씨는 곧 ______________________.
두 사람이 결혼 이야기하는 것을 들었어요.

(4) 오늘 파티에 필립 씨가 ______________________.
내일 시험이 있어요.

(5) 가: 여름에 여행 갈 거예요?
나: 시간이 없어서 이번에는 ______________________.

| 없다 | 춥다 | 안 가다 | 결혼하다 | 오지 않다 |
|---|---|---|---|---|

## A/V-(으)ㄴ/는데요 // N인데요

가: 내일 시간 있어요?
나: 내일은 바쁜데요.

가: 여보세요? 민수 씨 좀 바꿔 주세요.
나: 전데요. 누구세요?

가: 진진 씨, 오늘 같이 점심 먹을까요?
나: 조금 전에 먹었는데요.

가: 내일 수영 씨 결혼식에 가는 사람 있어요?
나: 제가 갈 건데요. 왜요?

### 연습

(1)

가: 같이 불고기 먹으러 가요.

나: 저는 고기를 ______________.

(2)

가: 저녁에 술 한잔 할까요?

나: 오늘은 ______________.

(3)

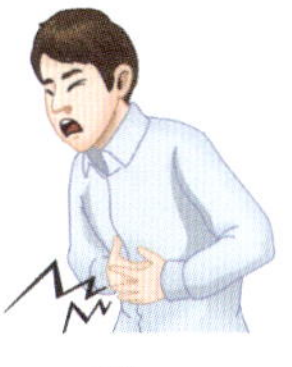

가: 잠깐 밖에서 산책할까요?

나: 지금은 좀 ______________.

(4)

가: 저녁 같이 먹을까요?

나: 저는 20분 전에 ______________.

(5)

가: 마이클 씨가 지금 어디에 있어요?

나: 조금 전에 집에 ______________.

## N밖에

가: 한국에서 어디에 가 봤어요?
나: 부산밖에 못 가 봤어요.

가: 그 책 많이 읽었어요?
나: 어려워서 조금밖에 못 읽었어요.

가: 어제 잘 잤어요?
나: 아니요, 어제 4시간밖에 못 잤어요.

가: 민수 씨, 만 원 좀 빌려 주세요.
나: 미안해요. 지금 천 원밖에 없어요.

### 연습

(1)

가: 집에 아이가 많아요?

나: 아니요, ____________________.

(2)

가: 결혼한 지 오래됐어요?

나: 아니요, ____________________.

(3)

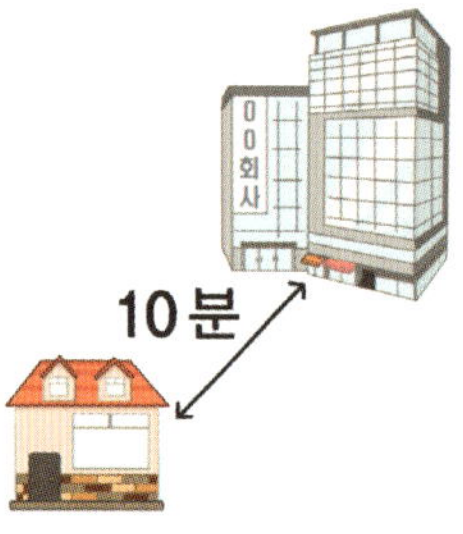


가: 집에서 회사까지 얼마나 걸려요?

나: ____________________.

(4)

가: 돈이 얼마나 있어요?

나: ______________________________.

(5)

가: 학생들이 졸업 여행을 많이 갔어요?

나: ______________________________.

## 대화해 봅시다

**호텔 직원** 중앙 호텔입니다.

**경 수** 8월 1일부터 3일까지 방을 예약하려고 합니다.

**호텔 직원** 몇 인실을 예약하실 겁니까?

**경 수** 2인실이요. 침대방으로 해 주세요. 아, 그리고 바다를 볼 수 있는 방으로 예약해 주세요.

**호텔 직원** 예약이 끝난 것 같은데 확인해 보겠습니다. 잠깐만 기다려 주세요.

**경 수** 네, 알겠습니다.

**호텔 직원** 죄송합니다, 손님. 8월 초는 휴가철이라서 온돌방밖에 안 남았는데요.

**경 수** 그래요? 침대방이 더 좋을 것 같은데 할 수 없군요. 그럼 온돌방으로 해 주세요.

**호텔 직원** 네, 그럼 그렇게 예약해 드리겠습니다.

1. 경수 씨는 왜 호텔에 전화를 했습니까?

2. 경수 씨는 호텔에서 몇 박 며칠을 있으려고 합니까?

3. 경수 씨는 왜 침대방을 예약하지 못했습니까?

## 들어 봅시다

여러분은 어떤 것을 할 때 미리 계획을 하는 성격입니까, 아니면 계획하지 않고 하는 성격입니까?
여행을 할 때는 어떻습니까? 숙박 시설이나 교통편을 미리 다 예약을 합니까?

### I 다음을 듣고 질문에 답하십시오.

1. 같으면 ○, 다르면 × 하십시오.

(1) 요즘은 휴가 때라서 여행 가는 사람이 많습니다. ( )

(2) 왕명 씨는 경주에 가는 기차표를 예매했습니다. ( )

(3) 인터넷으로 기차표를 사면 더 쌉니다. ( )

(4) 왕명 씨는 숙박할 곳을 정하지 않았습니다. ( )

(5) 왕명 씨는 경주에서 할 일들을 정했습니다. ( )

(6) 수진 씨는 왕명 씨가 여행 계획을 세우지 않아서 걱정합니다. ( )

2. 다음 질문에 답하십시오.

(1) 왕명 씨는 주말에 무엇을 하려고 합니까?

(2) 기차표 예매는 어떻게 합니까?

(3) 왕명 씨는 왜 여행 준비를 하지 않습니까?

(4) 수진 씨는 여행을 갈 때 왜 준비를 하고 갑니까?

>>> 두 사람은 어떻게 될까요? 뒤의 이야기를 만들어 보십시오.

# 말해 봅시다

**I** **보기** 와 같이 묻고 답하십시오.

**보기**
가: 왜 오늘 제인 씨가 기분이 안 좋아요? / 좋아요?
나: 시험을 잘 못 본 것 같아요.

시험을 잘 못 봤다
친구와 싸웠다
남자 친구와 헤어졌다
지갑을 잃어버렸다

친구한테서 선물을 받았다
시험에서 100점을 받았다
어제 데이트를 했다
맛있는 음식을 먹었다

**II** 다음 **보기** 를 보고 친구와 같이 여행 계획을 세워 보십시오.

**보기**
가: OO 씨, 이번 방학에 특별한 계획이 있어요?
나: 아니요, 아직 없는데요. 왜요?
가: 이번 방학에 부산으로 여행을 가려고 하는데 같이 갈까요?
나: 네, 좋아요. 날씨가 더우니까 부산에 가면 좋을 것 같아요. 언제 갈 거예요?
가: 8월 5일부터 8월 7일까지 2박 3일 어때요?
나: 좋아요. 기차를 타는 게 어때요? 버스를 타면 시간도 오래 걸리고
피곤할 것 같아요.
가: 저도 기차가 더 좋아요. 잠은 어디에서 잘까요?
호텔에서 자면 숙박비가 너무 비쌀 것 같아요.
나: 그러면 민박을 하는 게 좋겠어요.
가: 주말이라서 기차표와 방이 없을 거예요.
미리 기차표를 예매하고 민박을 예약하는 게 좋겠어요.
나: 그럼 빨리 해야겠어요. 지금 예약하러 가요.

| | |
|---|---|
| 여행지 | 해외여행: 중국, 일본, 미국, 프랑스, 러시아, 태국, 기타(　　)<br>국내여행: 제주도, 부산, 경주, 전주, 기타(　　) |
| 일시 | ___ 월 ___ 일 ~ ___ 월 ___ 일 (　　박　　일) |
| 교통 | 비행기, 기차, 배, 버스, 자동차, 자전거, 기타(　　) |
| 숙박시설 | 호텔, 모텔, 여관, 민박, 펜션, 기타(　　) |

# 읽어 봅시다

여러분은 해외여행을 해 봤습니까? 해외여행을 하면 어떤 여행을 하고 싶습니까?

☐ 자유여행　　　　☐ 패키지 여행

## I 다음을 읽고 질문에 답하십시오.

형준 씨는 여행을 아주 좋아합니다. 작년에는 베트남과 일본에 갔습니다. 베트남에는 친구들과 패키지 여행을 했고 일본에는 혼자 자유 여행을 했습니다.

형준 씨는 베트남 여행을 하기 전 인터넷으로 여행사 홈페이지에서 예약을 했습니다. 여행사에서 비행기 표와 호텔을 예약해 주고, 여행 일정도 다 세워 주었기 때문에 형준 씨는 여권과 여행에 필요한 옷만 준비했습니다. 다른 것은 준비할 것이 없었습니다.

공항에는 여행사 가이드가 기다리고 있었습니다. 형준 씨는 가이드를 따라다니면서 여기저기를 구경했습니다. 형준 씨는 베트남 말을 할 줄 몰라서 걱정했는데 가이드가 도와줘서 음식을 주문하거나 물건을 살 때 불편한 것이 없었습니다. 그렇지만 가이드만 따라다녀야 했기 때문에 형준 씨가 가고 싶은 식당에 갈 수 없었고 관광지에서 조금 더 구경하고 싶었지만 일정이 바빠서 오래 구경할 수 없었습니다. ㉠ 패키지 여행은 쉽고 편했지만 자유 시간이 없어서 아쉬웠습니다.

일본 여행은 자유 여행이기 때문에 여행 가기 전에 준비를 많이 해야 했습니다. 비행기 표도 예약하고 유명한 곳과 맛있는 식당도 인터넷으로 찾아봤습니다. 3박 4일 동안 갈 곳과 먹을 음식, 그리고 그곳에서 할 일들과 간단한 일본말도 연습했습니다.

그런데 공항에 도착한 후에 호텔까지 가는 것도 쉽지 않았습니다. 버스를 타는 방법과 호텔에 가는 방법도 몰라서 길에서 사람들에게 물어봤습니다. 호텔에서는 일본말을 할 줄 몰라서 아주 힘들었습니다.

다음 날 형준 씨는 지하철을 타고 시내 관광을 했습니다. 형준 씨가 가고 싶은 곳에서 오래 구경할 수 있었습니다. 인터넷에서 찾아본 식당에도 갔습니다. 지하철에서 잘못 내려서 모르는 곳에도 갔지만 그곳도 형준 씨 마음에 들었습니다. 길을 찾으려고 사람들과 이야기하면서 재미있는 일도 많이 있었습니다. 일본 여행은 조금 힘들었지만 실수 때문에 생긴 일들은 기억에 남을 것 같습니다.

홈페이지 / 일정(을) 세우다 / ~을/를 따라다니다 / 아쉽다 / 찾아보다 / 간단한 / 길을 찾다 / 실수 / 기억에 남다

1. 이 글을 읽고 같으면 ○, 다르면 × 하십시오.

(1) 형준 씨는 베트남 여행을 하기 전에 준비를 많이 했습니다. ( )

(2) 형준 씨는 베트남에서 베트남어를 몰라서 힘들었습니다. ( )

(3) 형준 씨는 베트남에서 가이드를 따라다녔습니다. ( )

(4) 형준 씨는 일본에서 편한 여행을 했습니다. ( )

(5) 형준 씨는 일본에서 계획하지 않은 장소에 갔습니다. ( )

2. 글의 제목으로 알맞은 것은 무엇입니까?

① 자유 여행을 좋아하는 이유

② 패키지 여행을 잘하는 방법

③ 해외여행의 좋은 점과 나쁜 점

④ 패키지 여행과 자유 여행의 장점과 단점

3. 다음 질문에 답하십시오.

(1) 형준 씨는 베트남에 갈 때 무엇을 준비했습니까?

(2) 형준 씨는 베트남 관광지에서 왜 오래 있을 수 없었습니까?

(3) 형준 씨는 일본 여행을 가기 전에 왜 준비를 많이 했습니까?

(4) 형준 씨에게 일본 여행은 어땠습니까?

(5) ㉠ "패키지 여행은 쉽고 편했지만 자유 시간이 없어서 아쉬웠습니다."에서 무엇이 쉽고 무엇이 편했습니까? 그리고 무엇이 아쉬웠습니까?

- 쉽고 편한 것:

- 아쉬운 것:

>>> 패키지 여행과 자유 여행 중에서 어떤 것을 더 좋아합니까?
패키지 여행과 자유 여행의 좋은 점과 나쁜 점은 무엇입니까?

## 써 봅시다

**여러분이 하고 싶은 여행에 대해 써 보십시오**

| | |
|---|---|
| 1문단 | • 어디에 여행 가려고 합니까? (여행지) 왜 거기에 가려고 합니까? (이유) |
| 2문단 | • 며칠 동안 여행을 하고 싶습니까? (여행 기간) 무엇을 타고 갈 것입니까? (교통편) |
| | • 누구와 같이 가고 싶습니까? (같이 가는 사람) |
| | • 어디에서 숙박을 할 것입니까? (숙박 시설: 호텔, 모텔, 여관, 민박, 펜션…) |
| 3문단 | • 여행을 가기 전에 무엇을 준비해야 합니까? (준비할 것) |
| 4문단 | • 여행지에서 무엇을 하고 싶습니까? (여행지에서 할 일) |

9과

# 이 사진처럼 머리를 짧게 잘라 주세요

# 배워 봅시다

## 머리 스타일

커트 머리

단발머리

긴 머리

스포츠머리

곱슬머리

생머리

파마머리

대머리

묶은 머리

## 미용 / 이발

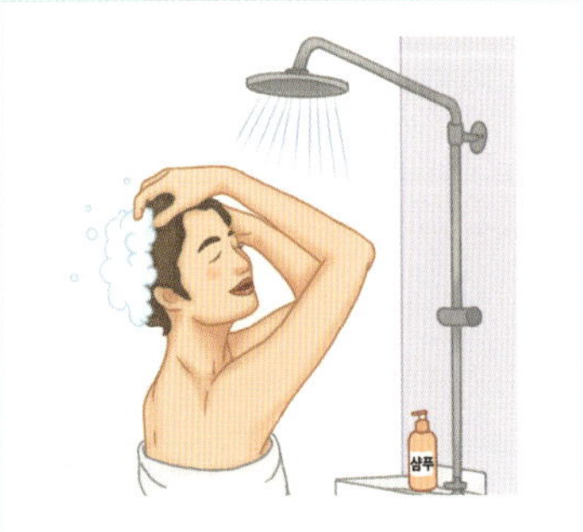


머리를 감다

머리를 말리다

드라이하다

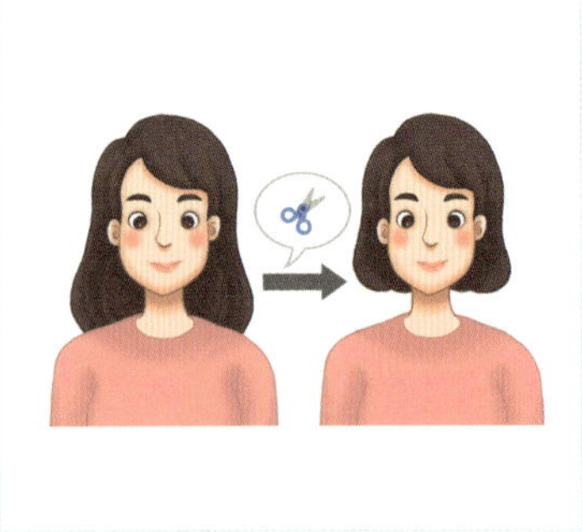

머리를 자르다

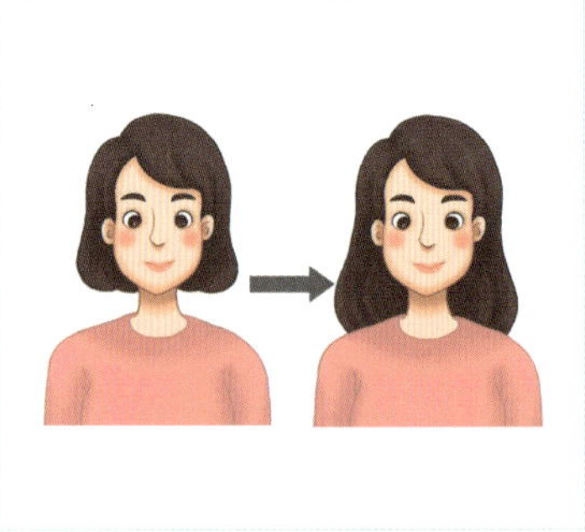

머리를 기르다

머리를 다듬다

머리를 묶다

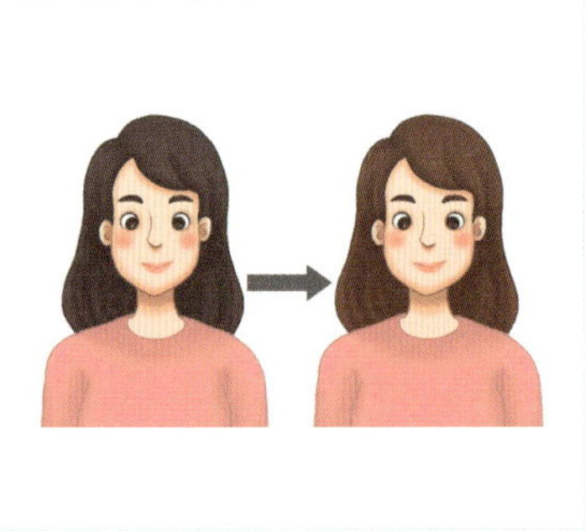

염색하다

파마하다

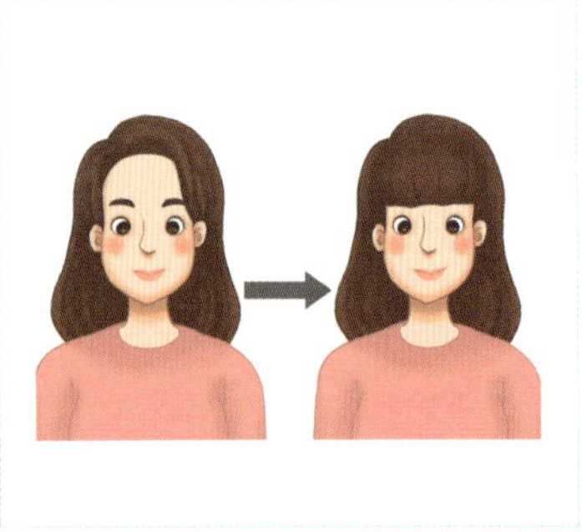

앞머리를 내리다

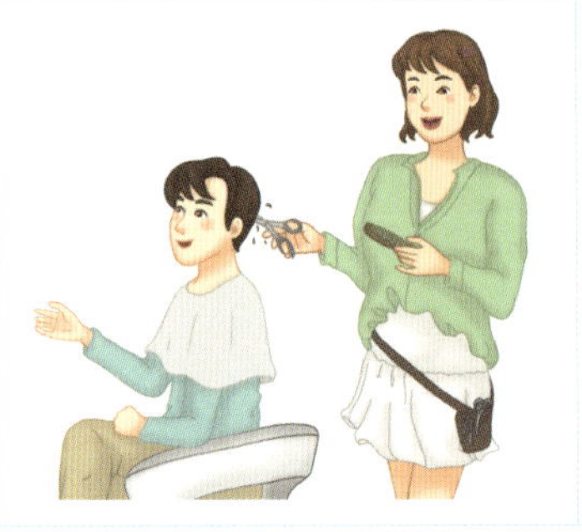

머리를 깎다

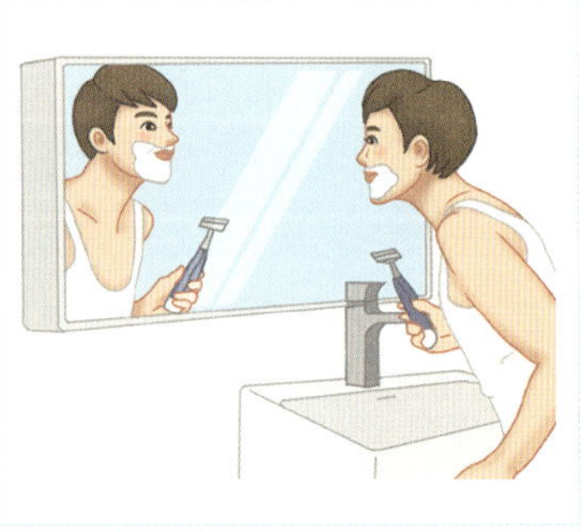

면도하다

## N처럼 / 같이

가: 나타샤 씨가 노래하는 것을 봤어요?
나: 네, 나타샤 씨가 가수처럼 노래를 잘 불러요.

가: 다니엘 씨의 여자 친구를 봤어요?
나: 네, 다니엘 씨 여자 친구가 영화배우처럼 예뻐요.

가 : 왕영 씨가 한국말을 잘해요?
나 : 네, 중국 사람인데 한국 사람처럼 잘해요.

가: 지난 주말에 설악산에 잘 다녀왔어요?
나: 네, 설악산 단풍이 그림같이 아름다웠어요.

보기

모델

농구선수

돼지

호랑이

인형

어머니

영화배우

운동화

바다

## 연습

(1) 제임스 씨는 ______________________ 잘생겼어요.

(2) 린다 씨는 ______________________ 예뻐서 인기가 많아요.

(3) 이 구두는 ______________________ 발이 편해서 자주 신어요.

(4) 다이어트를 해서 ______________________ 날씬해지고 싶어요.

(5) 마이클 씨는 ______________________ 키가 크고 운동도 잘해요.

(6) 저는 ______________________ 마음이 넓은 남자와 결혼하고 싶어요.

(7) 제 동생은 ______________________ 많이 먹고 운동도 하지 않아서 뚱뚱해요.

(8) 우리 아버지는 ______________________ 무서워요. 그래서 집에 일찍 들어가야 해요.

(9) 저희 하숙집 아주머니는 ______________________ 친절해서 학생들이 모두 좋아해요.

## A-게

가: 필립 씨, 오늘 왜 늦었어요?
나: 죄송합니다. 늦게 일어났어요.

가: 손님, 머리를 어떻게 해 드릴까요?
나: 여름이니까 짧게 잘라 주세요.

가: 너무 시끄러워서 잘 못 들었어요. 크게 말씀해 주세요.
나: 알겠어요.

가: 우리 가족사진이에요.
나: 이 사람이 왕명 씨의 동생이에요? 아주 예쁘게 생겼어요.

### 연습

(1) 가: 영미 씨, 결혼을 축하해요. ______________ 잘 사세요.

나: 네, 감사합니다.

(2) 가: 컴퓨터를 사야 하는데 어디에서 ______________ 살 수 있어요?

나: 용산 전자 상가에 가 보세요. 거기에 가면 컴퓨터가 싸요.

(3) 가: 수진 씨, 요리를 잘해요?

나: 아니요, 잘 못하지만 떡볶이는 ______________ 만들 수 있어요.

(4) 가: 글씨가 작아서 잘 보이지 않아요. 다시 ______________ 써 주세요.

나: 네, 알겠습니다.

(5) 가: 친구들이 다니엘 씨를 다 좋아하는 것 같아요.

나: 네, 다니엘 씨가 이야기를 ______________ 해서 사람들이 좋아해요.

| 싸다 | 크다 | 맛있다 | 행복하다 | 재미있다 |
|---|---|---|---|---|

## A-아/어 보이다

가: 이 케이크를 살까요?
나: 네, 정말 맛있어 보여요.

가: 까만색 옷이 저한테 잘 어울려요?
나: 네, 까만색 옷을 입으니까 날씬해 보여요.

가: 제임스 씨, 요즘도 일이 많아요? 피곤해 보여요.
나: 네, 어제도 밤 10시에 퇴근했어요.

가: 어제 학교 앞 미용실에서 머리를 잘랐어요. 저한테 잘 어울려요?
나: 네, 옛날에는 나이 들어 보였는데 머리를 자르니까 어려 보여요.

### 연습

(1) 가: 이 구두는 발이 아플 것 같아요.

나: 좀 ________________.

(2) 가: 어제 늦게 퇴근했어요? ________________.

나: 아니요, 어제 운동을 많이 해서 피곤해요.

(3) 가: 이 빨간색 원피스가 어때요?

나: 그 원피스를 입으니까 정말 ________________.

(4) 가: 어떤 영화를 볼까요?

나: 저 영화를 봐요. 저 영화가 ________________.

(5) 가: 저게 떡볶이예요. 우리도 저걸 먹을까요?

나: 아니요, 너무 ________________. 다른 걸 먹는 게 좋겠어요.

맵다 작다 피곤하다 예쁘다 재미있다

## A/V-네요 // N(이)네요

가: 오늘 날씨가 정말 춥네요.
나: 네, 바람이 불어서 더 추워졌어요.

가: 우리가 처음 만난 지 1년이 넘었어요.
나: 와, 시간이 정말 빠르네요.

가: 마이클 씨, 야구를 정말 잘하시네요.
나: 네, 고등학교 때 야구 선수였어요.

가: 이거 제가 만든 빵이에요. 한번 드셔 보세요.
나: 희진 씨, 정말 맛있어요. 빵을 잘 만드네요.

### 연습

(1) 가: 제가 좋아하는 노래예요. 한번 들어 보세요.

나: 와, 정말 ______________.

(2) 가: 제 여자 친구 사진이에요.

나: 여자 친구가 정말 ______________.

(3) 가 : 제주도에 처음 와 보셨어요? 제주도는 여자, 바람, 돌이 유명해요.

나: 정말 바람이 많이 ______________.

(4) 가: 필립 씨, 지금 8시인데 학교에 일찍 ______________.

나: 네, 길이 안 막혀서 학교에 일찍 왔어요.

(5) 가: 맵지 않아요? 필립 씨는 정말 매운 음식을 잘 ______________.

나: 네, 맵지만 맛있어요.

먹다　불다　왔다　좋다　예쁘다

## 대화해 봅시다

| | |
|---|---|
| **미용사** | 어서 오세요. 머리를 어떻게 하실 거예요? |
| **왕 영** | 머리를 좀 자르려고 하는데요. |
| **미용사** | 어떻게 잘라 드릴까요? |
| **왕 영** | 이 사진처럼 머리를 좀 짧게 잘라 주세요. |
| **미용사** | 네, 알겠습니다. 파마도 하시겠어요? |
| **왕 영** | 글쎄요, 저한테 짧은 파마머리가 어울릴까요? |
| **미용사** | 걱정하지 마세요. 짧은 머리를 하시면 귀여워 보일 거예요. |

(잠시 후)

| | |
|---|---|
| **미용사** | 다 됐습니다. 어떠세요? |
| **왕 영** | 네, 정말 마음에 드네요. 감사합니다. |

1. 왕영 씨는 무엇을 하러 미용실에 갔습니까?

2. 왕영 씨는 처음에 머리를 어떻게 하려고 했습니까?

3. 왕영 씨는 머리를 어떻게 바꿨습니까?

## 들어 봅시다

여러분은 한국에 와서 머리 스타일을 바꿔 봤습니까?
미용실에 가서 머리를 어떤 스타일로 했습니까?

### I 다음을 듣고 질문에 답하십시오.

1. 같으면 ○, 다르면 × 하십시오.

(1) 아키코 씨는 미용실에 가기 전에 예약을 하지 않아서 기다렸습니다. ( )

(2) 아키코 씨는 오랫동안 파마머리였습니다. ( )

(3) 아키코 씨는 짧은 머리가 어울리지 않아서 머리를 자르지 않습니다. ( )

(4) 단발머리를 하면 나이 들어 보일 겁니다. ( )

(5) 생머리는 머리를 감은 후에 그냥 드라이어로 말리면 됩니다. ( )

2. 아키코 씨가 미용실을 나올 때의 머리 스타일은 어떻습니까?

(1)

(2)

(3)

(4)

3. 다음 질문에 답하십시오.

(1) 아키코 씨는 왜 머리를 바꾸고 싶어 했습니까?

(2) 아키코 씨는 왜 처음에 단발머리로 자르는 게 싫었습니까?

(3) 아키코 씨의 바뀐 머리 스타일을 말해 보십시오.

(4) 아키코 씨는 머리를 한 후에 어떻게 보일까요?

>>> 여러분은 보통 언제 머리 스타일을 바꿉니까? 미용실에서 머리 스타일을 바꾼 후에 기분이 어떻습니까?

## 말해 봅시다

Ⅰ 세 조로 나누어 한 조는 질문을 하고 다른 두 조는 '-네요'를 사용해서 보기 와 같이 답하십시오.

보기

**질문: 오늘 OO 씨가 어때요?**

1조: 머리 모양이 예쁘네요.
2조: 옷이 예쁘네요.

Ⅱ 다음 그림을 보고 '- 아/어 보이다'를 써서 묻고 답하십시오.

| 덥다 | 힘들다 | 무겁다 | 행복하다 |
|---|---|---|---|
| 즐겁다 | 재미있다 | 무섭다 | 시원하다 |

가: 왕명 씨가 어때 보여요?
나: 왕명 씨가 더워 보여요.

Ⅲ 여러분이 다음 사람이면 어떤 머리 모양을 하겠습니까? 한 사람은 미용사, 다른 한 사람은 손님이 되어서 대화를 만들어 보십시오.

| | 손님이 하고 싶은 머리 모양 | 미용사가 추천하는 머리 모양 |
|---|---|---|
|  손님: 여자 (24살) | 남자친구가 더 어려서 ○○처럼 귀여워 보이는 스타일, 긴 파마머리, 염색 | 단발머리, 염색 |

**보기**

**미용사** 어서 오세요. 머리를 어떻게 하실 거예요?

**손 님** 네, 남자친구가 저보다 어려서 연예인 ○○○처럼 귀여워 보이는 스타일을 하고 싶어요. 긴 파마머리를 하면 귀여워 보일까요?

**미용사** 손님은 긴 파마머리보다 단발머리가 더 귀여워 보일 거예요.

**손 님** 그리고 염색도 하고 싶어요. 예쁘게 해 주세요.

**미용사** 네, 염색을 하면 더 예뻐 보일 거예요.

(머리를 한 후)

**미용사** 자, 끝났습니다, 손님. 마음에 드세요?

**손 님** 네, 좋네요.

| | 손님이 하고 싶은 머리 모양 | 미용사가 추천하는 머리 모양 |
|---|---|---|
|  손님: 남자(23) | 1) 여자 친구가 멋있는 남자를 좋아해서 ○○○처럼 멋있어 보이는 스타일을 하고 싶다. – 스포츠머리 | 1) 파마머리 |
| | 2) 염색 O | 2) 염색 X |

| | 손님이 하고 싶은 머리 모양 | 미용사가 추천하는 머리 모양 |
|---|---|---|
|  손님: 남자(65) | 1) 아내와 나이 차이가 많이 나서 50대처럼 젊어 보이는 스타일을 하고 싶다. – 파마머리 | 1) 짧은 스포츠머리 |
| | 2) 염색 O | 2) 염색 O |

| | 손님이 하고 싶은 머리 모양 | 미용사가 추천하는 머리 모양 |
|---|---|---|
|  손님: 여자(35) | 1) 학생들이 무서워하지 않아서 ○○○처럼 무서워 보이는 스타일을 하고 싶다. – 긴 생머리 | 1) 짧은 파마머리 |
| | 2) 염색 O | 2) 염색 O |

## 읽어 봅시다

>>> 여러분은 얼마나 자주 미용실에 갑니까? 여러분은 머리를 하는 데 보통 시간이 얼마나 걸립니까? 미용실에서 파마를 하면서 무엇을 합니까?

### I 다음을 읽고 질문에 답하십시오.

린다 씨는 오늘 오전에 한국에서 처음 머리를 자르러 친구가 소개해 준 미용실에 갔습니다.

린다 씨는 미용실에 가기 전에 예약을 하지 않아서 오래 기다려야 했습니다. 차례를 기다리면서 커피도 마시고 인터넷도 하면서 기다렸기 때문에 지루하지 않았습니다. 이 미용실은 서비스가 좋아서 커피와 인터넷이 모두 무료입니다.

주말이라서 미용실에는 손님들도 많고 복잡했습니다. 미용사들도 아주 바빠 보였습니다. 여기저기에서 미용사들이 드라이하는 소리와 음악 소리 때문에 시끄러웠습니다.

미용실 손님 중에 웨딩드레스를 입고 있는 신부도 있었습니다. 신부는 예쁘게 화장을 하고 머리를 드라이하고 있었습니다.

옆에서 멋있게 옷을 입은 신랑이 신부를 기다리고 있었습니다. 그 신랑과 신부는 아주 행복해 보였습니다.

린다 씨는 영화배우의 사진을 미용사에게 보여 줬습니다.

"이 사진처럼 해 주세요."

사진을 보고 미용사는 말했습니다.

"손님은 이 머리보다 파마머리가 더 잘 어울릴 것 같아요. 파마를 해 보는 게 어때요? 손님한테 잘 어울릴 거예요."

그래서 린다 씨는 마음을 바꿨습니다.

파마를 하는 데 시간이 오래 걸렸지만 파마를 하면서 차도 마시고 잡지책도 봐서 지루하지 않았습니다.

린다 씨는 파마가 끝나고 거울을 봤습니다. 미용사의 말처럼 파마머리가 린다 씨에게 잘 어울렸습니다. 린다 씨는 머리가 마음에 들어서 기분이 좋아졌습니다.

차례 / 지루하다 / 서비스 / 무료 / 화장을 하다 / 시끄럽다 / 마음을 바꾸다 / 잡지

1. 읽고 같으면 ○, 다르면 × 하십시오.

(1) 린다 씨는 전에 한국에서 친구와 같이 미용실에 가 봤습니다. ( )

(2) 린다 씨는 미용실 옆 카페에서 커피를 마시면서 기다렸습니다. ( )

(3) 미용실에서는 커피 값과 인터넷 요금이 무료입니다. ( )

(4) 신랑과 신부가 미용실에서 머리 드라이를 하고 있었습니다. ( )

(5) 린다 씨는 파마를 하는 데 시간이 오래 걸려서 지루했습니다. ( )

2. 다음 질문에 답하십시오.

(1) 린다 씨는 왜 미용실에서 오래 기다렸습니까?

(2) 린다 씨는 기다리면서 무엇을 했습니까?

(3) 이 미용실에는 어떤 서비스가 있습니까?

(4) 미용실 안은 왜 시끄러웠습니까?

(5) 린다 씨는 머리를 어떻게 바꿨습니까?

(6) 린다 씨는 파마가 끝난 후에 기분이 어땠습니까? 그 이유가 무엇입니까?

# 써 봅시다

다음 그림을 보고 이야기를 만들어 보십시오.

①

②

③

④

⑤

⑥

⑦

⑧

⑨

300

10과

# 물을 끓이고 나서 재료를 넣으면 더 맛있어요

# 배워 봅시다

## 조리 기구

그릇

냄비

프라이팬

접시

(밥)공기

주전자

숟가락

젓가락

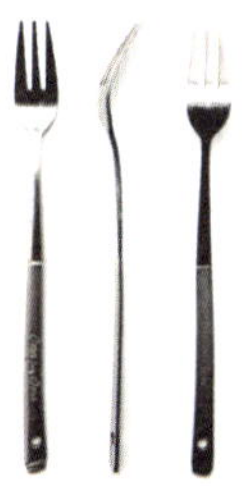
포크

칼

도마

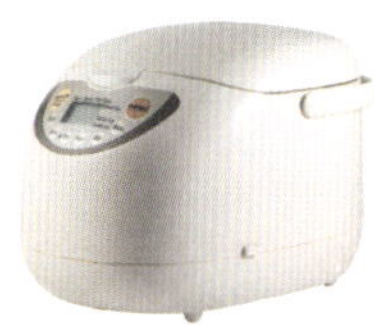
밥솥

## 조리 방법

씻다

자르다

썰다

붓다

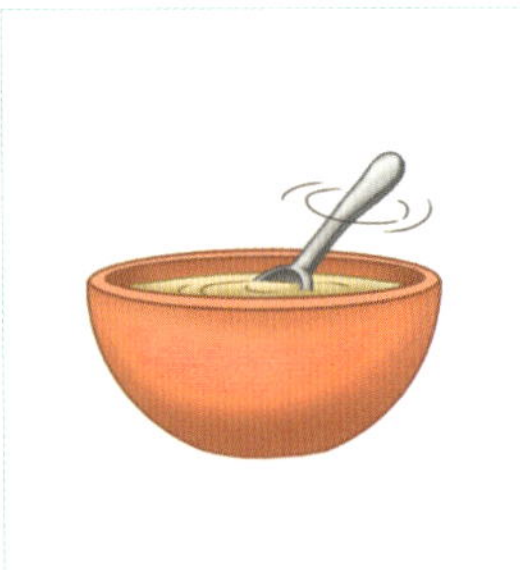
젓다

섞다

끓이다

찌다

삶다

볶다

튀기다

굽다

## 양념과 조미료

소금

간장

설탕

후추

식초

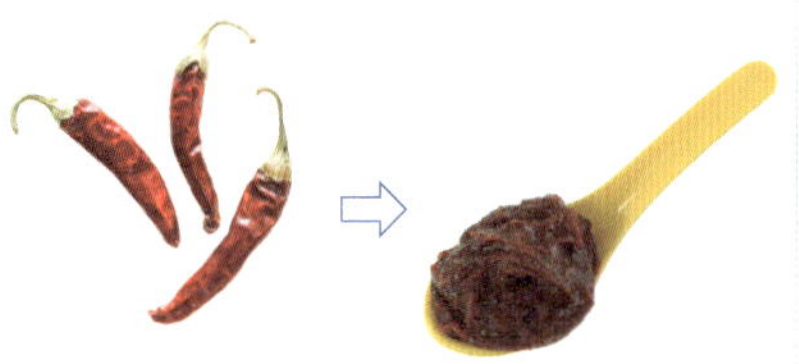

고추장

고춧가루

식용유

깨

참기름

파

마늘

양파

## V-고 나서

가: 이 약을 언제 먹어요?
나: 식사하고 나서 드세요.

가: 우리 언제 만날까요?
나: 숙제하고 나서 만납시다.

가 : 언제 숙제를 할 거예요?
나 : 음악을 듣고 나서 할 거예요.

가: 왕명 씨는 대학교 졸업하고 나서 뭐 할 거예요?
나: 저는 졸업하고 나서 공부를 더 하려고 해요.

|  |  |
|---|---|
| 7 : 00 | 일어나다 |
| 7 : 30 | 수영 |
| 9 : 00 | 회사 |
| 12 : 00 | 점심시간 |
| 12 : 40 | 커피 |
| 1 : 00 | 사무실 |
| 6 : 00 | 퇴근 |
| 6 : 30 | 테니스 |
| 7 : 30 | 저녁식사 |

|  |  |
|---|---|
| 8 : 00 | 한국어 수업 |
| 9 : 00 | 집 |
| 9 : 30 | 아이들과 놀다 |
| 10 : 00 | TV |
| 11 : 00 | 한국어 숙제 |
| 11 : 30 | 자다 |

## 연습

컨트 씨는 매일 아침 7시에 일어납니다. 7:30분에 수영장에서 ________________ 회사에 갑니다. 9시부터 12시까지 회사에서 일을 합니다. 일을 ________________ 12시에 회사 앞 식당에서 동료들과 함께 점심을 먹습니다. 점심을 ________________ 커피도 마십니다. 점심시간이 너무 짧습니다. 커피를 ________________ 사무실로 들어옵니다. 그리고 6시까지 일을 합니다.

6시에 회사 일이 끝납니다. 회사 일이 ________________ 켄트 씨는 테니스를 칩니다. 테니스를 ________________ 식당에 갑니다. 켄트 씨는 테니스장 근처에서 친구들과 함께 저녁 식사를 합니다. 저녁 식사가 맛있습니다. 저녁 식사를 ________________ 학원에 갑니다. 학원에서 한국어를 배웁니다. 한국어는 조금 어렵지만 재미있습니다.

한국어 수업을 ________________ 집에 갑니다. 집에는 아내와 아이들이 켄트 씨를 기다리고 있습니다. 집에 와서 아이들과 놉니다. 아이들이 켄트 씨를 좋아합니다. 켄트 씨는 좋은 아버지입니다.

아이들과 ________________ TV를 봅니다. 한국 드라마는 정말 재미있습니다. TV를 ________________ 한국어 숙제를 합니다. 숙제가 많이 있습니다. 켄트 씨는 피곤하지만 숙제를 ________________ 잡니다.

## A/V-겠어요

가: 어제 장학금을 받았어요.
나: 와! 기쁘겠어요.

가: 하늘이 흐려요. 비가 오겠어요.
나: 빨리 집으로 돌아갑시다.

가: 어제는 놀이공원에 가서 하루 종일 놀았어요.
나: 재미있었겠어요.

가: 요즘 아르바이트를 많이 해요. 아침 9시부터 밤 10시까지 해요.
나: 그래요? 그렇게 일을 많이 하면 정말 힘들겠어요.

### 연습

(1)

가: 제가 만든 빵이에요. 드셔 보세요.
나: 와, ______________________.

(2)

가: 저는 공포 영화를 좋아해요.
이 영화가 ______________________.
나: 그래요. 이 영화를 봅시다.

(3)

가: 다리를 다쳤어요.
나: 그러면 걷기가 ______________________.

(4)

가: 오늘 날씨가 너무 더워요.
나: 커피숍 안은 ______________________.

(5)

가: 보세요! 아이들이 놀고 있어요.
나: 그런데 코트를 안 입었네요.
______________________.

| 춥다 | 맛있다 | 힘들다 | 재미있다 | 시원하다 |
|---|---|---|---|---|

## V-아/어서

가: 어제 뭐 했어요?
나: 도서관에 가서 공부했어요.

가: 다리가 아파요.
나: 그러면 우리 앉아서 얘기해요.

가: 왕명 씨는 아침에 일어나서 뭐 해요?
나: 저는 아침에 일어나서 운동해요.

가: 유나 씨는 보통 감자를 어떻게 먹어요?
나: 저는 보통 쪄서 먹어요.
가: 그래요? 저는 구워서 먹어요. 감자를 구워서 먹으면 맛있어요.

### 연습

(1)

 ⇨ 

가: 어제 뭐 했어요?

나: 친구를 ______________ 같이 영화를 봤어요.

(2)

 ⇨ 

가: 김밥을 먹고 싶어요.

나: 그래요? 그럼 오늘 김밥을 ______________ 먹어요.

(3)

 ⇨ 

가: 다리가 아파요.

나: 그러면 우리 ____________ 이야기합시다.

(4)

 ⇨ 

가: 이 사과 먹어도 돼요?

나: 네, 그런데 씻지 않았으니까 ____________ 드세요.

(5)

 ⇨ 

가: 왜 아르바이트를 해요?

나: 나는 돈을 많이 ____________ 세계 여행을 갈 거예요.

| 만나다 | 만들다 | 모으다 | 씻다 | 앉다 |
|---|---|---|---|---|

## 'ㅅ' 불규칙

가: 맛있는 커피 우유를 어떻게 만들어요?
나: 컵에 커피, 설탕, 우유를 넣고 잘 저으세요. 간단하지요?

가: 라면을 어떻게 끓여요?
나: 먼저 냄비에 물을 두 컵 정도 부으세요. 그리고 5분 동안 끓이세요.
그다음에 면과 스프를 넣으세요.

가: 이 건물은 새 건물이에요?
나: 아니요, 10년 전에 지은 건물이에요.

가: 수민 씨, 어제 많이 아팠어요?
나: 어제는 아팠는데 지금은 다 나았어요.

···› ★ 규칙

| 기본형 | -(스)ㅂ니다 | -아/어요 | -았/었어요 | -아/어서 | -(으)면 |
|---|---|---|---|---|---|
| 웃다 | 웃습니다 | 웃어요 | 웃었어요 | 웃어서 | 웃으면 |
| 벗다 | 벗습니다 | 벗어요 | 벗었어요 | 벗어서 | 벗으면 |
| 빗다 | 빗습니다 | 빗어요 | 빗었어요 | 빗어서 | 빗으면 |
| 씻다 | 씻습니다 | 씻어요 | 씻었어요 | 씻어서 | 씻으면 |

···› ★ 불규칙

| 기본형 | -(스)ㅂ니다 | -아/어요 | -았/었어요 | -아/어서 | -(으)면 |
|---|---|---|---|---|---|
| 낫다 | 낫습니다 | 나아요 | 나았어요 | 나아서 | 나으면 |
| 붓다 | 붓습니다 | 부어요 | 부었어요 | 부어서 | 부으면 |
| 젓다 | 젓습니다 | 저어요 | 저었어요 | 저어서 | 저으면 |
| 짓다 | 짓습니다 | 지어요 | 지었어요 | 지어서 | 지으면 |

## 연습

(1) 가: 맛있는 커피를 어떻게 끓여요?

나: 먼저 컵에 커피와 크림과 설탕을 넣으세요.

그리고 뜨거운 물을 ______________________세요.

(2) 가: 수업할 때 모자를 ______________________야 합니까?

나: 아니요, 모자를 ______________________ 않아도 됩니다.

(3) 가: 이름이 '이하니'예요? 이름이 참 예뻐요.

나: 감사합니다. 아버지가 ______________________ 이름이에요.

(4) 가: 수미 씨 머리가 아주 부드러워요. 어떻게 하면 머리가 부드러워져요?

나: 머리를 자주 ______________________면 머리가 부드러워져요.

(5) 가: 사진을 찍을 거예요. 모두 ______________________세요. 하나, 둘, 셋!

나: 김치!

| 벗다 | 붓다 | 빗다 | 웃다 | 짓다 |
|---|---|---|---|---|

# 대화해 봅시다

**켄트** 미나 씨, 된장찌개 만드는 방법 알아요? 알면 좀 가르쳐 주세요.

**미나** 네, 알아요. 아주 쉬워요. 먼저 냄비에 물을 붓고 끓이세요.
물이 끓으면 된장을 넣으세요. 그러고 나서 잘 저으세요.

**켄트** 재료를 넣고 나서 끓여요, 아니면 물이 끓으면 재료를 넣어요?

**미나** 다 괜찮지만 물을 끓이고 나서 재료를 넣으면 더 맛있어요.

**켄트** 알았어요. 그다음에는 뭘 해요?

**미나** 호박을 썰어서 넣으세요. 그리고 조금 더 끓이세요.

**켄트** 두부는 언제 넣어요?

**미나** 찌개가 끓으면 두부를 넣으세요. 마지막으로 고추와 파, 마늘을 넣고 조금 더 끓이세요.

**켄트** 별로 어렵지 않겠어요.

1. 된장찌개를 끓일 때 제일 먼저 무엇을 해요?

2. 된장찌개에 두부는 언제 넣어요?

3. 마지막으로 무엇을 넣습니까?

# 들어 봅시다

여러분이 좋아하는 한국 음식은 무엇입니까? 좋아하지 않는 한국 음식은 무엇입니까?
외국인이 제일 좋아하는 한국 음식은 무엇인 것 같습니까?

## I 다음을 듣고 질문에 답하십시오.

1. 같으면 ○, 다르면 × 하십시오.

(1) 왕명 씨는 고향에서 된장찌개를 많이 먹어 보았습니다. ( )

(2) 왕명 씨는 갈비보다 된장찌개를 더 좋아합니다. ( )

(3) 왕명 씨는 김치찌개를 먹을 수 있습니다. ( )

(4) 왕명 씨는 불고기를 제일 좋아합니다. ( )

(5) 한국인들이 제일 좋아하는 음식은 김치입니다. ( )

(6) 외국인들은 김밥보다 삼겹살을 더 좋아합니다. ( )

(7) 외국인들이 제일 좋아하는 한국 음식은 비빔밥입니다. ( )

2. 다음 질문에 답하십시오.

(1) 왕명 씨는 왜 김치찌개를 좋아하지 않습니까?

(2) 왕명 씨가 제일 좋아하는 한국 음식은 무엇입니까?

(3) 유민 씨는 어떤 음식을 제일 좋아합니까?

(4) 한국 사람들이 좋아하는 한국 음식은 무엇입니까?

⇨

(5) 외국인들이 좋아하는 한국 음식은 무엇입니까? 순서대로 쓰십시오.

⇨ ⇨ ⇨ ⇨

(6) 두 사람은 언제 식사하러 갈 겁니까?

>>> 우리 반 친구들이 좋아하는 한국 음식과 좋아하지 않는 한국 음식을 조사해 보고 순서를 정해 보십시오. 그리고 그 이유도 조사해 보십시오.

| 좋아하는 한국 음식 | 좋아하지 않는 한국 음식 |
| --- | --- |
| 1위: | 1위: |
| 2위: | 2위: |
| 3위: | 3위: |

## 말해 봅시다

I 여러분은 어떻게 합니까? 맞는 것에 ✓ 표시하십시오.

1. 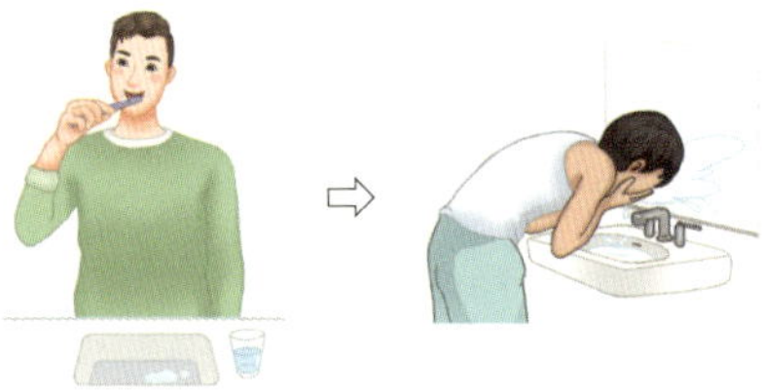 ☐  ☐

아침에 이를 닦고 나서 세수해요. / 아침에 세수하고 나서 이를 닦아요.

2. 옷을 입고 나서 머리를 빗어요. ☐ / 머리를 빗고 나서 옷을 입어요. ☐

3. 바지(치마)를 입고 나서 셔츠를 입어요. ☐ / 셔츠를 입고 나서 바지(치마)를 입어요. ☐

4. 왼쪽 구두를 신고 나서 오른쪽 구두를 신어요. ☐ / 오른쪽 구두를 신고 나서 왼쪽 구두를 신어요. ☐

5. 선물을 받으면 선물을 보고 나서 카드를 읽어요. ☐ / 선물을 받으면 카드를 읽고 나서 선물을 봐요. ☐

6. 친구를 만나면 영화를 보고 나서 밥을 먹어요. ☐ / 친구를 만나면 밥을 먹고 나서 영화를 봐요. ☐

7. 라면을 끓일 때 면을 넣고 나서 스프를 넣어요. ☐ / 라면을 끓일 때 스프를 넣고 나서 면을 넣어요. ☐

Ⅱ 아나운서가 세계의 날씨를 이야기하고 있습니다. 표를 보고 ________ 에 맞는 말을 쓰십시오.

| 서울 |  20℃ |
|---|---|
| 베이징 |  4℃ |
| 도쿄 |  3℃ |
| 뉴욕 |  2℃ |
| 모스크바 |  −3℃ |

안녕하십니까? 오늘 세계의 날씨 예보입니다. 서울은 날씨가 맑겠습니다. 기온은 20도로 따뜻하겠습니다. 베이징은 구름이 많이 ________________.

도쿄는 바람이 많이 ________________.

뉴욕은 흐리다가 ________________.

모스크바는 ________________.

기온은 영하 3도로 조금 ________________.

| | | | |
|---|---|---|---|
| 맑다 | 흐리다 | 따뜻하다 | 춥다 |
| 바람이 불다 | 비가 오다 | 눈이 오다 | 구름이 끼다 |

## 읽어 봅시다

여러분이 요즘 자주 만드는 음식은 무엇입니까?
여러분만의 특별한 요리법이 있습니까?

### I 다음을 읽고 질문에 답하십시오.

안녕하세요? 저는 혼자 살고 있는 남학생입니다. 오늘 여러분과 만들고 싶은 요리는 '미역국'입니다. 제가 제일 좋아하는 음식은 우리 어머니가 끓여 주신 미역국입니다. 한국 사람들은 생일에 미역국을 먹습니다. 그리고 여자가 아기를 낳으면 미역국을 먹습니다. 요즘은 찜질방에서도 미역국을 파는데 찜질을 하고 먹으면 정말 맛있습니다. 지금부터 쉽고 간단하게 미역국을 만들 수 있는 방법을 가르쳐 드리겠습니다. 미역국은 끓이는 방법이 여러 가지가 있습니다. 소고기를 넣고 끓일 수도 있고 조개를 넣고 끓일 수도 있습니다. 자, 그러면 같이 만들어 볼까요?

오늘의 요리: 소고기 미역국
재　　료: 마른 미역 30그램(g), 소고기 100그램(g),
마늘, 소금, 간장, 참기름, 물 2리터(L)

만드는 방법:
1. 먼저 마른 미역 30그램에 찬물을 붓고 30분 정도 기다립니다.
   30분쯤 지나면 미역이 아주 많아집니다!
2. 이 미역을 찬물에 깨끗이 씻어서 4센티미터(cm) 정도로 자릅니다.
3. 뜨거운 냄비에 참기름을 조금 넣고 나서 미역과 소고기를 넣고 볶습니다.
4. 그 다음에 냄비에 물을 붓고 나서 센 불로 20분쯤 끓입니다.
5. 미역국이 끓으면 마늘을 넣고 약한 불로 오래 끓입니다. 센 불로 오래 끓이면 안 됩니다. 이것을 주의하세요! 미역국은 약한 불로 오래 끓이는 것이 맛있습니다. 이것이 중요합니다.
6. 마지막으로 간장과 소금을 넣고 더 끓입니다.
   간장을 많이 넣으면 국이 까만 색이 되니까 국이 싱거우면 소금을 넣으세요.
7. 5분쯤 지나면 맛있는 소고기 미역국이 됩니다.

아기를 낳다 / 간단하게 / 조개 / 마른 미역 / 센 불 / 약한 불 / 주의하다 / 중요하다 / 마지막으로

1. 이 글을 읽고 같으면 ○, 다르면 × 하십시오.

(1) 이 남자는 어머니가 끓여 주신 미역국이 제일 맛있습니다. ( )

(2) 한국 사람들은 아기를 낳으면 미역국을 먹습니다. ( )

(3) 마른 미역에 따뜻한 물을 부어야 합니다. ( )

(4) 마늘을 넣고 센 불에서 오래 끓이면 미역국이 맛있습니다. ( )

(5) 간장과 소금은 마지막에 넣습니다. ( )

2. 다음 질문에 답하십시오.

(1) 한국 사람들은 미역국을 언제 먹습니까?

(2) 소고기 미역국을 끓일 때 무엇이 필요합니까?

(3) 냄비에 미역을 볶을 때 무엇을 주의해야 합니까?

(4) 마늘을 언제 미역국에 넣습니까?

(5) 왜 간장을 많이 넣으면 안 좋습니까?

(6) 소고기 미역국을 끓일 때 주의할 것은 무엇입니까?

3. 미역국을 끓이는 순서를 맞게 쓰십시오.

(1)

(2)

(3)

(4)

(5)

(6)

(7)

(1) ⇨ ______ ⇨ ______ ⇨ ______ ⇨ ______ ⇨ ______ ⇨ (7)

## 써 봅시다

여러분이 잘 만드는 요리는 무엇입니까? 그림을 그리고 만드는 방법을 쓰십시오.

| 요리 이름 | |
|---|---|
| 재 료 | |
| 만드는 방법 | |

# 들어봅시다
# 지 문

# 1 한국에 온 지 6개월이 되었어요

안녕하세요? 저는 제임스입니다. 영국 사람입니다. 제가 다니는 학교는 중앙대학교입니다. 중앙대학교에서 역사학을 전공하고 있습니다. 제가 제일 좋아하는 것은 한국 문화입니다. 그래서 대학원에서 한국 역사를 전공하려고 요즘 대학원 시험을 준비하고 있습니다. 대학원을 졸업한 후에 한국을 여러 나라에 소개하는 일을 하고 싶습니다.

안녕하세요? 저는 린다예요. 미국에서 왔어요. 한국에 온 지 3개월 됐어요. 미국에서 대학교를 졸업한 후에 한국에 왔어요. 대학교에서는 법학을 전공했어요. 지금 한국에서 변호사 사무실에서 일하고 있어요. 낮에는 변호사 사무실에서 일하고 밤에는 한국 친구한테서 한국어를 배우고 있어요. 한국어가 어렵지만 재미있어요. 한국에서 3년 일한 다음에 미국에 돌아갈 거예요. 변호사가 되려고 해요.

저는 왕명이라고 합니다. 중국 사람이에요. 1년 전에 한국에 왔고, 한국어교육원에서 한국어를 배운 지 6개월이 조금 넘었어요. 저는 한국에서 영화배우가 되고 싶어요. 중앙대학교에 유명한 영화배우가 많이 있어요. 그래서 중앙대학교 연극 영화학과에 입학하려고 지금 열심히 한국어를 공부하고 있어요.

## 2 친구들에 대해서 이야기해 주세요

남: 진진 씨, 지난주에 이사했지요? 그런데 왜 갑자기 이사를 했어요?
여: 같이 사는 친구 영미 씨와 잘 맞지 않아서 힘들었어요.
영미 씨는 저에게 물어보지 않고 친구들을 데리고 오고 파티도 많이 했어요.
남: 그래요? 친구들을 집에 초대하기 전에 같이 사는 친구한테 물어봐야 하는데…….
여: 네, 맞아요. 그리고 영미 씨는 청소도 하지 않았어요.
파티를 한 후에, 그리고 샤워를 한 후에 청소를 하지 않아서 제가 항상 청소를 해야 했어요.
남: 영미 씨는 진진 씨와 많이 달랐군요.
여: 네, 영미 씨는 공부보다 파티 하는 것을 좋아했어요.
그렇지만 저는 다음 학기에 대학교에 입학해야 해서 공부를 열심히 하고 싶었어요.
남: 지금 같이 사는 친구는 어때요? 진진 씨와 잘 맞아요?
여: 네, 같이 사는 사람이 2명 있는데 모두 다 착하고 친절해요.
학교 공부도 열심히 하고요. 식사 준비도 같이 하고 청소나 집안일도 같이 해요.
남: 취미는 어때요? 비슷해요? 취미가 다르면 같이 사는 것이 힘들어요.
여: 취미도 비슷해요. 저는 영화 보는 것과 운동하는 것을 좋아하는데 친구들도 그래요.
그래서 우리는 수업 후나 주말에 여러 가지 일을 같이 해요.
남: 정말 진진 씨와 잘 맞는 친구들이군요.

## 3 한국 생활에 익숙해져서 재미있어요

여: 마이클 씨, 뭐 드시겠어요?
남: 저는 김치찌개를 먹겠어요.
여: 김치찌개요? 안 매워요?
남: 조금 맵지만 맛있어요.
여: 그래요? 저는 한국 사람이지만 매운 음식을 잘 못 먹어요.
　　그런데 마이클 씨는 한국에 오기 전에 김치를 먹어 봤어요?
남: 아니요, 한국에서 처음 먹어 봤어요.
여: 그럼 미국에서도 매운 음식을 잘 먹었어요?
남: 아니요, 처음에는 한국 음식이 매워서 한국 생활이 힘들었어요.
　　그런데 요즘은 한국 음식이 좋아졌어요. 제일 좋아하는 음식이 김치찌개예요.
여: 지금도 한국 생활이 힘들어요?
남: 아니요, 재미있어요. 이제는 한국 생활에 익숙해져서 혼자 지하철도 타고 혼자 쇼핑도
　　할 수 있어요. 그런데 아프거나 외로울 때는 고향에 가고 싶어져요. 고향 음식도 먹고 싶고요.
여: 마이클 씨, 한국 생활이 심심하거나 외로울 때는 저한테 연락하세요.
　　같이 놀러 가거나 맛있는 음식을 먹으러 가요.

## 4 컴퓨터가 고장 났는데 어떻게 해야 해요?

여: 안녕하십니까? 서비스 센터입니다. 무엇을 도와 드릴까요?
남: 휴대폰을 잃어버렸어요.
여: 먼저 이름하고 주민 등록 번호를 말씀해 주시겠습니까?
남: 제 이름은 왕명입니다. 그리고 저는 외국인이라서 주민 등록 번호가 없어요.
여: 그러면 여권 번호나 외국인 등록 번호를 말씀해 주시겠습니까?
남: 외국인 등록 번호가 KL 20000123입니다.
여: 확인 감사합니다. 그러면 휴대폰 사용 정지를 하시겠습니까?
남: 사용 정지를 하면 어떻게 돼요?
여: 사용 정지를 하시면 다른 사람이 휴대폰을 사용할 수 없습니다.
남: 네, 알겠습니다. 그럼 사용 정지를 해 주세요.
여: 휴대폰을 찾으시면 다시 서비스 센터에 전화하셔서 사용 정지를 해지하세요.
그러면 바로 사용하실 수 있습니다.
남: 사용 정지를 해지한 후에도 같은 번호를 사용할 수 있습니까?
여: 물론입니다.

## 5 7호선을 타고 가다가 이수역에서 갈아타세요

줄리아: 알렉스 씨, 오늘 왜 지각을 했어요?
알렉스: 지하철을 타고 오다가 잠이 들었어요.
줄리아: 많이 피곤했군요! 어제 잠을 못 잤어요?
알렉스: 네, 어제 숙제 때문에 잠을 못 잤어요. 그런데 줄리아 씨도 한국에서 실수를 해 봤어요?
줄리아: 그럼요. 한국에 온 지 얼마 안 돼서 미도리 씨와 명동에 갔어요.
저와 미도리 씨는 걷는 것을 싫어하기 때문에 지하철을 타지 않고 버스를 탔어요.
알렉스: 명동에는 잘 도착했어요?
줄리아: 아니요, 버스를 탄 지 한 시간이 넘었는데 명동에 도착하지 않았어요.
알렉스: 버스를 잘못 탔군요.
줄리아: 아니에요. 명동에 가는 버스를 탔는데 명동에서 내리지 못했어요.
미도리 씨하고 재미있는 이야기를 하다가 안내 방송을 듣지 못했어요.
알렉스: 그래서 어떻게 했어요?
줄리아: 그다음 정류장에서 내려서 명동까지 걸어갔어요.
알렉스: (하하) 많이 걸어야 했군요!
줄리아: 다리도 아프고 시간도 많이 걸렸지만 서울 구경을 해서 재미있었어요.

# 6 통장을 만드는 데 시간이 얼마나 걸려요?

우체국 직원(여): 어떻게 오셨어요?
앙 리 (남): 프랑스로 소포를 보내려고 해요.
우체국 직원(여): 무엇을 보내실 거예요?
앙 리 (남): 인삼차와 옷이에요.
우체국 직원(여): 그럼 저쪽으로 가셔서 물건을 상자에 넣고 포장한 후에 상자 위에 받는 분의 주소를 써 주세요.
앙 리 (남): 그런데 파란색 펜으로 써도 돼요?
우체국 직원(여): 네, 파란색으로 쓰셔도 돼요.

(잠시 후)

우체국 직원(여): 혹시 상자 안에 편지를 넣으셨어요?
앙 리 (남): 네, 편지를 넣었어요.
우체국 직원(여): 상자에 편지를 넣으시면 안 돼요.
앙 리 (남): 아, 몰랐어요.
우체국 직원(여): 죄송하지만 편지를 빼 주시겠어요? 그리고 소포는 어떻게 보내실 거예요?
앙 리 (남): 배로 보내고 싶어요. 시간이 얼마나 걸릴까요?
우체국 직원(여): 배로 보내면 한 달쯤 걸려요.
앙 리 (남): 소포를 보내는 데 한 달이나 걸려요? 더 빨리 보내는 방법은 없을까요?
우체국 직원(여): 비행기로 보내면 빨리 보낼 수 있어요. 2주 정도 걸려요.
앙 리 (남): 그럼 비행기로 보내 주세요.

# 7 좀 비싼 것 같아요

직원: 중앙 쇼핑몰입니다.
유민: 중앙 쇼핑몰이지요? 주문한 가방을 어제 받았는데 반품을 하고 싶어요.
직원: 언제 주문하셨어요?
유민: 일주일 전에 했어요
직원: 잠깐만 기다려 주세요. 아, 여기 있습니다. 정유민 씨지요?
유민: 네, 맞아요.
직원: 그런데 왜 반품을 하려고 하세요?
유민: 가방이 생각보다 작은 것 같아요.
직원: 네, 알겠습니다. 그러면 택배로 가방을 보내 주세요.
유민: 배송료는 어떻게 해요?
직원: 물건에 문제가 있으면 저희가 배송료를 내지만 그렇지 않으면 배송료는 손님이 내셔야 합니다.
유민: 아, 그래요? 배송료가 얼마예요?
직원: 5,000원입니다.
유민: 알겠어요. 그럼 택배로 가방을 보내겠습니다.

(☏ 유민 씨가 택배 회사에 전화합니다.)

직원: 여보세요. 중앙 택배입니다. 무엇을 도와 드릴까요?
유민: 중앙 쇼핑몰로 물건을 하나 보내고 싶어요. 오늘 오후에 오실 수 있어요?
직원: 오늘은 택배가 많아서 갈 수 없습니다. 내일 오전에 방문하겠습니다.
유민: 그럼 내일 오전에 와 주세요.
직원: 네, 알겠습니다.

# 8 방을 예약하려고 합니다

수진: 왕명 씨, 이번 주말에 뭐 하세요?
왕명: 경주로 여행을 가려고 해요.
수진: 그래요? 기차표는 예매했어요?
왕명: 네? 예매해야 돼요? 휴가 때가 아니라서 괜찮을 것 같은데요.
수진: 아니에요. 요즘은 휴가 때가 아니지만 여행 가는 사람들이 많아서 꼭 예매해야 돼요.
왕명: 그렇군요. 그런데 어디에서 예매해야 돼요?
수진: 역에서 해도 되고 전화나 인터넷으로 해도 돼요.
인터넷 예매를 하면 할인 받을 수 있어요. 그런데 숙박은 어디에서 할 거예요?
왕명: 아직 생각 안 해 봤는데요.
수진: 숙박할 곳도 미리 예약을 해야 돼요. 그런데 경주에서는 뭐 할 거예요?
왕명: 아직 잘 몰라요. 경주에 도착하면 사람들에게 물어보려고 해요.
수진: 왕명 씨는 여행 준비를 전혀 안 한 것 같군요.
왕명: 저는 준비를 잘하는 성격이 아니에요. 준비를 다하고 가면 여행이 재미없어요.
수진: 왕명 씨, 준비를 안 하고 가면 여행지에서 힘든 일이 많이 생길 거예요.
왕명: 수진 씨, 제가 걱정이 되면 저하고 같이 여행 가면 어때요?
수진 씨하고 같이 가면 제가 여행 준비를 안 해도 될 것 같은데요…….
그리고 여행이 정말 정말 재미있을 것 같아요.
수진: 왕명 씨…….

## 9 이 사진처럼 머리를 짧게 잘라 주세요

미용사: 어서 오세요. 예약하셨어요?
아키코: 네, 한 시에 예약했는데요.
미용사: 성함이 어떻게 되세요?
아키코: 아키코입니다.
미용사: 아, 네, 아키코 씨. 여기에서 잠시만 기다려 주시겠어요?

(잠시 후)

미용사: 손님, 여기에 앉으세요. 머리를 어떻게 하실 거예요?
아키코: 오랫동안 파마머리를 해서 머리 스타일을 좀 바꿔 보고 싶어요.
미용사: 그러면 이번에는 생머리를 해 보시는 게 어때요?
아키코: 네, 그게 좋겠어요.
미용사: 길이는 단발로 할까요?
아키코: 단발머리는 드라이하기가 힘들지 않아요? 저는 혼자 드라이를 잘 못하는데요.
미용사: 아니에요, 드라이하기 힘들지 않아요. 그냥 머리를 감고 말리시면 돼요.
단발머리가 더 어려 보일 거예요.
아키코: 네, 좋아요. 그러면 그렇게 해 주세요.

# 10 물을 끓이고 나서 재료를 넣으면 더 맛있어요

왕명: 유민 씨는 무슨 음식을 좋아하세요?
유민: 저요? 저는 김치찌개를 제일 좋아해요. 왕명 씨도 김치찌개를 좋아하세요?
왕명: 김치찌개를 먹을 수는 있지만 좋아하지는 않아요. 좀 매운 것 같아요.
저는 된장찌개를 좋아해요. 한국에 와서 처음 된장찌개를 먹었는데 아주 맛있었어요.
유민: 왕명 씨는 한국 음식 중에서 어떤 것을 제일 좋아하세요?
왕명: 제가 제일 좋아하는 한국 음식은 갈비예요.
유민: 아, 갈비요? 저도 갈비를 좋아해요. 갈비를 좋아하는 외국인들이 많군요.
왕명: 그래요? 그러면 외국인들이 제일 좋아하는 한국 음식은 뭐예요?
유민: 외국인들에게 제일 인기 있는 한국 음식은 불고기예요.
왕명: 그렇군요. 외국인들이 불고기 다음으로 좋아하는 음식이 뭐예요?
유민: 외국인들이 두 번째로 좋아하는 한국 음식은 비빔밥이에요.
그리고 세 번째가 갈비와 삼계탕, 그다음이 삼겹살, 그다음이 김밥이에요.
왕명: 그렇군요. 그러면 한국인이 제일 좋아하는 한국 음식은 뭐예요?
유민: 물론 김치예요.
왕명: 한국인이 김치 다음으로 좋아하는 음식은 뭐예요?
유민: 불고기예요.
왕명: 한국 사람들도 불고기를 좋아하는군요.
우리 오늘 수업이 끝나고 나서 불고기를 먹으러 갈까요?
유민: 좋아요.

# 어휘 색인

## 1과

경영학
경제학
공무원
관광 안내원
광고 홍보학
교사
교수
교육학
국어 국문학
기술자
꿈
단점
번역가
법학
변호사
비서
사장(=CEO)
생기다
성실하다
시간이 나다
신문 방송학
심리학
아나운서
역사학
연극 영화학
영어 영문학
외교관
의사
의상 디자인학
의학
자신감
작가
장점
정치학
컴퓨터 공학
태어나다
통역사
판사

## 2과

강원도
그립다
달리기
뛰다
사귀다
생각나다
생각이 나다
서로
짝
체육시간
친구가 생기다
친하다

## 3과

(음식이) 입에 맞다
길을 잃다
길을 찾다
복잡하다
불편하다
수업을 듣다
알아듣다
외롭다
이해하다
즐겁다
편하다
향수병
힘들다

## 4과

고장이 나다
고치다 / 수리하다
물이 나오다 / 안 나오다
물이 내려가다 / 안 내려가다
바람이 나오다 / 안 나오다
분실하다
불이 들어오다 / 안 들어오다
서비스 센터
소리가 들리다 / 안 들리다
수리비
신고하다
인터넷이 되다 / 안 되다
잃어버리다
잊어버리다
정지하다
해지하다
화면이 보이다 / 안 보이다
확인하다

## 5과

교통 카드
단말기
교통 카드를 단말기에 대다
교통 카드를 충전하다
출구

환승(하다)
갈아타다
갈아타는 곳
잘못 타다
잘못 내리다
비행기 / 버스 / 지하철을 놓치다
관광 도시
관광지
쇼핑지
계속하다
이용권
전시관
공연장
입장하다

## 6과

걱정이 되다
대출하다
미리
반납하다
번호를 뽑다
비밀 번호
소포
순서
신청서
연장하다
연체료
임대 계약서
잔고 증명서
재학 증명서
접수증
줄을 서다
포장하다
현금 자동 인출기

## 7과

가능하다
결제
구입(하다)
깎다
돈을 내다
모델
바꾸다 / 교환(하다)
반품(하다)
변하다
사은품
영수증
인터넷 쇼핑
접다
주문(하다)
청년
택배
튼튼하다
판매(하다)
판매가
할인
홈쇼핑
환불(하다)

## 8과

(예약을) 취소하다
(예약을) 확인하다
~을/를 따라다니다
간단한
계획을 세우다
기억에 남다
단체 여행
모텔
민박
수학여행
숙박하다
신혼여행
실수
아쉽다
여관
예매하다
예약하다
온돌방
일정(을) 세우다
자유 여행
전망
찾아보다
침대방
콘도
패키지 여행
펜션
표를 사다
호텔
홈페이지

## 9과

곱슬머리
긴 머리
단발머리
대머리
드라이하다
마음을 바꾸다

머리를 감다
머리를 기르다
머리를 깎다
머리를 다듬다
머리를 말리다
머리를 묶다
머리를 자르다
면도하다
무료
묶은 머리
생머리
서비스
스포츠머리
시끄럽다
앞머리를 내리다
염색하다
자연스럽다
잡지
지루하다
차례
커트 머리
파마머리
파마하다
화장을 하다

## 10과

(밥)공기
간단하게
간장
고추장
고춧가루
굽다
그릇
깨
끓이다
냄비
도마
마늘
마른 미역
마지막으로
밥솥
볶다
붓다
삶다
섞다
설탕
센 불
소금
숟가락
식용유
식초
썰다
씻다
아기를 낳다
약한 불
양파
자르다
접시
젓가락
젓다
조개
주의하다
주전자
중요하다
찌다
참기름
칼
튀기다
파
포크
프라이팬
후추